Alle wollen nach Berlin – aber »an der Schönheit kann's nicht liegen«, wie Peter Schneider über seine Wahlheimat schreibt. Im Krieg zerstört, durch die Mauer zerrissen, Symbol der deutschen Wiedervereinigung. Eine ewige Baustelle, bewohnt von Arabern, Schwaben, Russen, Italienern – und mitunter sogar von echten Berlinerinnen, die Hazal heißen und die berühmte Berliner Schnauze spazieren führen.

Berliner Autoren fahren S-Bahn, würden ihre Altbauwohnung gern behalten, besuchen den Prenzlauer Berg und das Prinzenbad, trotzen den Wildschweinen am Flughafensee, versuchen sich als Mauerspringer und trauen sich sogar nachts nach Neukölln. Bus fahren sie allerdings lieber nicht.

BERLIN

Eine literarische Einladung

Herausgegeben von
Susanne Schüssler und
Linus Guggenberger

Verlag Klaus Wagenbach   Berlin

Inhalt

Durs Grünbein
Berlin ist ein Sack

Ich würde sagen, Berlin ist ein Sack, in den seit Jahrhunderten alles Mögliche hineingestopft wurde, viel Geschichtsgerümpel und jede Menge urbaner Plunder, manche Prinzipien auch, vor allem preußische. Doch dieser Sack hat zum Glück ein Loch, und so fällt das meiste davon immer wieder unten heraus und hält sich nicht lange.

Es trifft sich gut, hier zu leben, denn ist nicht das menschliche Dasein selbst solch ein löchriger Sack? Berlin, das ist der große kollektive Schlendrian in Gestalt einer Stadt, ein westöstliches Sumpfgebiet aus lauter Frühstückscafés und Hinterhofklitschen, die sich stolz Firmen nennen. Berlin, das ist ein Manöverfeld von großstädtischem Ausmaß, durchzogen von lauter unsichtbaren Fronten, hier Kieze genannt, ein strengliniertes Gebilde, zuletzt geprägt vom axialen Ordnungssinn eines Kriegsarchitekten und seinen Echos, den Magistralen moskautreuer Utopier, segmentiert das Ganze schon zu Kaisers Zeiten von wuchtigen Mietskasernen, von denen aus man heute auf Parks blickt, Ordnungsämter und Kinderspielplätze, an deren Rand sich arbeitslose Väter versammeln, die vor zwei, drei Generationen noch Soldat spielen mussten und heute Zeitung lesen oder an ihren Handys fummeln.

Berlin, das war im Ursprung ein militärisch-frühindustrieller Komplex, Brutstätte des Weltgeistes und zugleich der Ort, wo er am wirksamsten ausgetrieben wurde, immer eine Art steinerner Aggregatzustand, einmal Hochburg der Angestellten, Mitteleuropa als Zentrale des sachlichen Realismus, einmal quallige Kapitale eines aufquellenden Reiches, später ein

Trümmerhaufen für verlorene Seelen, heute ihr föderales Rückzugsgebiet, ein Mottensofa am Straßenrand und ein ausgeweideter Kulturpalast, etwas tief Unterirdisches immer, Labyrinth aus Bunkern und U-Bahn-Tunneln, zuletzt Hort bummernder Techno-Partys, doch kaum tritt man ans Licht hinaus auf eine der gewaltigen Brachflächen, fallen die Mauern, man sieht die sternklare Nacht und anderntags das seltsamste Blau unter Deutschlands Himmeln.

Berlin ist ein Vakuum, das die Eigenschaft hat, sich immer von neuem zu füllen, ganz gleich womit, wenn es nur genügend Unterhaltungswert besitzt. Hauptsache Hauptstadt, Hauptsache Mittendrinsein im provisorischen Nirgendwo, da, wo die Musik spielt – einmal Metropolis und einmal Jericho.

Berlin, das ist der ganz große Bluff, ein täglich gebrochenes Versprechen. Eine Stadt, in der alles doppelt vorhanden ist, auch das Deutsche, Ost und West, Abendland und Morgenland, ein siamesisches Zwillingspaar, das nur wenig gemeinsam hat, das Verkehrsnetz und den Namen; und wer das alles leiden mag, redet so darüber wie ich. Denn das eben ist das Moderne daran: dass man sich hier an nichts halten kann. »Der Schwindel Berlin unterscheidet sich von allen anderen Schwindeln durch seine schamlose Großartigkeit«, schrieb Bertolt Brecht 1920 an einen Bekannten.

Nirgendwo anders als in Berlin, diesem Paradies für Hochstapler und Händler der heißen Luft, fand einmal, frei nach Walter Serner, die letzte Lockerung statt. Hier wurde ein Ausdruck wie »voll knorke« geboren, und wenn etwas allgemein missfiel, sagte man: »is det Stulle«. Sobald es schön war, hieß es hier »schnieke«, ein Wort wie »dufte« galt als Ausdruck hoher Emphase.

Einziger Stil im Stillosen war hier immer das große Krawallschlagen und sich dann gegenseitig Anöden, dies aber mit eisernem Durchhaltewillen und jeder Menge Sponsoring. Für Heiner Müller, einen seiner letzten stoischen Barden, war Berlin sprichwörtlich – »das Letzte«. Der Ort, an dem die deutsche Geschichte ihre schlimmstmögliche Wendung nahm und wo sie kläglich mit einem Satansfurz endete.

»In Berlin kann man nicht gesund werden«, schreibt Ernst Jünger an Gottfried Benn in den fünfziger Jahren. Nur, Letzterer konnte ihm nicht mehr zustimmen, weil er längst todkrank war, als ihn der kameradschaftliche Hinweis erreichte. Benn, der typische Berlin-Bewohner, publicityscheue Hinterhausexistenz, allem Reisen abgeneigt, allem Pomp, Stammgast seiner Eckkneipe, die gewissermaßen ein Annex der eigenen Arztpraxis war: Von ihm stammen einige der wegweisenden Verse über diese Stadt. In einer Rede, gehalten vor fünfzig Jahren anlässlich der Berliner Festwochen zum Thema »Berlin zwischen Ost und West«, steht die trotzige Bemerkung: »Westdeutschland geht kulturell daran zugrunde, dass es Berlin nicht mehr gibt.« Dem folgt ein Satz, der das Verlorene dieser Stadt, ihre Versunkenheit in ein Bild fasst: »Berlin«, heißt es da, »liegt wie Angkor im Urwald, und die Fahrten zu ihm sind Expeditionen, unternommen halb aus Neugier und halb aus Wehmut.«

Trotz aller Warnungen: Bis heute zieht es die Künstler in diese Stadt, die werdenden wie die gemachten, und jene, die von beiden leben, die Verwerter und die Beschaffer, die Kuratoren und die Croupiers. Keiner hält wirklich die Bank, aber alle spielen sie auf eigene oder fremde Kosten ein Weilchen hier mit. Mir selbst ist es nicht anders ergangen, auch ich habe mich eines Tages hier eingestellt, in der hochfliegenden Hoffnung, in Berlin eine Welt zu finden und mich in ihr.

2006

Berlin ist das Letzte. Der Rest ist Vorgeschichte.
Sollte Geschichte stattfinden, wird Berlin der Anfang sein.
   Heiner Müller

Auf märkischem Sand

Günter Grass
Bei den Mauerspechten

An einem frostklirrenden Wintertag, dem ein wäßrig blauer Himmel über der nunmehr ungeteilten Stadt entsprach, am 17. Dezember, als in der Dynamo-Halle die bislang führende Partei tagte, um sich mit neuem Namen zu verkleiden, an einem Sonntag, der Klein und Groß auf die Beine brachte, kamen auch sie zielstrebig Ecke Otto-Grotewohl-, Leipziger Straße ins Bild: lang und schmal neben breit und kurz. Der Umriß der Hüte und Mäntel aus dunklem Filz und grauem Wollgemisch verschmolz zu einer immer größer werdenden Einheit. Was sich gepaart näherte, schien unaufhaltsam zu sein. Schon waren sie am Haus der Ministerien, genauer, an dessen nördlicher Flanke vorbei. Mal gestikulierte die hochwüchsige, mal die kleinwüchsige Hälfte. Dann wieder waren beide mit Händen aus weiten Ärmeln beredt, der eine bei ausholendem Schritt, der andere im Tippelschritt. Ihre Atemstöße, die sich als weiße Wölkchen verflüchtigten. So blieben sie einander vorweg und hinterdrein, waren aber dennoch miteinander verwachsen und von einer Gestalt. Da dem Gespann kein Gleichschritt gelang, sah es aus, als bewegten sich leicht zapplige Schattenrißbildchen.

Der Stummfilm lief in Richtung Potsdamer Platz, wo die als Grenze gezogene Mauer schon in Straßenbreite niedergelegt war und in jede Fahrtrichtung offenstand; doch ließ dieser Übergang, weil oft verstopft, nur verzögerten Verkehr von der einen zur anderen Stadthälfte, zwischen zwei Welten, von Berlin nach Berlin zu.

Sie überquerten ein Jahrzehnte lang wüstes Niemandsland, das nun als Großfläche nach Besitzern gierte; schon gab es erste, einander übertrumpfende

Projekte, schon brach Bauwut aus, schon stiegen die Bodenpreise.

In ihrem kaum mehr bewachten Zustand machte die Mauer beiderseits des Durchlasses Angebote. Nach kurzem Zögern entschieden sie sich nach rechts hin in Richtung Brandenburger Tor. Metall auf Stein: Von fern her schon hatten sie das helle Picken gehört. Bei Temperaturen unter Null trägt solch ein Geräusch besonders weit.

Dicht bei dicht standen oder knieten Mauerspechte. Die im Team arbeiteten, lösten einander ab. Einige trugen Handschuhe gegen die Kälte. Mit Hammer und Meißel, oft nur mit Pflasterstein und Schraubenzieher, zermürbten sie den Schutzwall, dessen Westseite während der letzten Jahre seines Bestehens von anonym gebliebenen Künstlern mit lauten Farben und hart konturierendem Strich zum Kunstwerk veredelt worden war: Das geizte nicht mit Symbolen, spuckte Zitate, schrie, klagte an und war gestern noch aktuell gewesen.

Hier und dort sah die Mauer schon löchrig aus und zeigte ihr Inneres vor: Moniereisen, die bald Rost ansetzen würden. Und über weite Flächen gab das kilometerlange, bis kurz vor Schluß verlängerte Wandbild in museumsreifen Fragmenten handtellergroße Placken und in winzigen Bruchstücken wilde Malerei preis: freigesetzte Phantasie und erstarrte Protestchiffren.

All das sollte dem Andenken dienen. Abseits vom Gehämmer, im sozusagen zweiten Glied der von Westen her betriebenen Demontage, lief bereits das Geschäft. Auf Tücher oder Zeitungen gebreitet, lagen gewichtige Batzen und winziger Bruch. Einige Händler boten drei bis fünf Fragmente, keins größer als ein Markstück, in Klarsichtbeuteln an. Bestaunt werden konnten mit Geduld abgesprengte größere Details der Mauermalerei, etwa der Kopf eines Ungeheuers mit Stirnauge oder eine siebenfingrige Hand; Exponate, die ihren Preis hatten, und dennoch fanden sich

Käufer, zumal ihnen ein datiertes Zertifikat – »Original Berliner Mauer« – mit dem Souvenir ausgehändigt wurde.

Fonty, der nichts unkommentiert lassen konnte, rief: »Bruch ist besser als Ganzes!« Weil er nur Ostgeld locker hatte, schenkte ihm ein jugendlicher Händler, dem offenbar genug Gewinn zugeflossen war, drei groschengroße Absprengsel, deren Farbspuren, das eine Schwarz gegen Gelb, das andere Blau neben Rot, das dritte Stück dreierlei Grün, als kostbar zu gelten hatten: »Hier, Opa, nur für Ostkundschaft und weil Sonntag ist.«

Anfangs wollte sein Tagundnachtschatten dem zwar illegalen, doch beiderseits der Mauer geduldeten Volksvergnügen nicht zusehen; Fonty mußte ihn am Ärmel ziehen. Er zerrte seinen Kumpan regelrecht an laufenden Bildmetern vorbei. Nein, das war nichts für Hoftaller. Diese Mauerkunst war nicht nach seinem Geschmack; und doch mußte er ansehen, was ihn schon immer angewidert hatte. »Chaos!« rief er. »Nichts als Chaos!«

Als sie an eine Stelle der enggefügten und durch einen Wulst überhöhten Betonplatten kamen, die nach Osten Ausblick bot, weil dem abgrenzenden Bauwerk kürzlich von oben weg eine weit klaffende Lücke geschlagen worden war, blieben sie stehen und schauten durch den offenen Keil, aus dessen gezackten Rändern teils verbogene, teils abgesägte Moniereisen ragten. Sie sahen den Sicherheitsgürtel, die Hundelaufanlage, das weite Schußfeld, sahen über den Todesstreifen hinweg, sahen die Wachtürme.

Von drüben gesehen, schaute Fonty ab Brusthöhe durch den erweiterten Spalt. Neben ihm war Hoftaller von den Schultern aufwärts im Bild: zwei Männer mit Hüten. Wäre aus östlichem Bedürfnis nach Sicherheit noch immer ein Grenzsoldat wachsam gewesen, hätte er von beiden ein erkennungsdienstliches Photo schießen können.

1995

Ulrich Peltzer
Sony Center

Die Silhouette des Mannes zeichnet sich deutlich vor den Bildschirmen ab. Wie es im Halbdunkeln scheint, hat er seinen Kopf leicht in den Nacken gelegt. Rechts von ihm steigt eine dünne Rauchfahne aus dem Aschenbecher auf der Konsole hoch, ein schmuckloses längliches Pult mit zwei Tastenfeldern.

Die Monitore sind stumm, kein Ton, nicht einmal Knistern gruppiert die Szenen zu einem Ganzen: all die Leute im Freien, ihre hierher übertragenen Wege an Schaufenstern und dichtgefüllten Caféterrassen vorbei zu diesem großen Brunnen mitten auf der überdachten Piazza. Man sieht sie am Edelstahlbecken sitzen, müde Blicke in Reiseführer und Hochglanzprospekte aus der Volkswagen Youth.lounge werfen, durch die Sucher ihrer Kameras schauen, telefonieren. Andere kreuzen durchs Bild und verdecken sie einen Moment lang, Körper und Gesten. Im Wasser planschen zwei kleine Jungen, spritzen sich nass, während eine Frau im Hintergrund sie für ihr digitales Heimkino filmt. Sie schwenkt den Camcorder nach oben zur Spitze der Dachkonstruktion, die wie ein gewaltiges Zirkuszelt aus Fiberglas und weißem Segeltuch über dem Rund der Gebäude aufgespannt ist, zehn oder zwölf Stockwerke hoch. Spektakulär, heißt es, auch schwindelerregend, wenn man vom Boden ein paar Wimpernschläge in die Leere hinaufspäht, umschlossen von den gläsernen Fassaden des Atriums, Neonschriften, einem gedämpft federnden Hall aus Gesprächsfetzen, leiser Musik, Informationen.

Da hängt Spiderman. Überlebensgroß an der Front des Multiplexkinos, in seinem rotblauen Kostüm mit dem Liniennetz bereit, jede Sekunde loszuspringen.

In die Luft zu schnellen, um das Universum zu retten. Schrecknisse allenthalben. Auf einer Bühne neben der Youth.lounge wird eine Präsentation vorbereitet, immer wieder flackern bunte Scheinwerfer über eine glänzende Plane, die ein Auto verhüllt, drei, vier junge Frauen in identischen Hosenanzügen stehen zusammen und notieren letzte Ideen. Erwartungsvoll treten schon Schaulustige näher, Prospekte in der Hand, die eine Reihe emsiger Helfer verteilt. Indes ein Pulk Touristen den Megastore im Durchgang zur Potsdamer Straße verlässt, eine halbe Busladung, die von Etage zu Etage an den Zerbrechlichkeiten in den Vitrinen vorbeigeschlendert ist, auf grellrosa Plastikkissen ausgestellte Miniaturen von Technik, die niemand für möglich hielt, Notebooks verkleinert zu Schulheften, und Mobiltelefone kaum größer als ein Salzstreuer. Man raunt sich Zahlen zu, erstaunliche Details, die ein unbeholfener Witz von ihrer magischen Ausstrahlungskraft zu befreien versucht. Dann verliert man sich in der Menge, hin zu etwas Historischem unter einem widerstandsfähigen Glassturz, dem Parterre eines im Krieg demolierten Hotels, wie es auf der blankgeputzten Tafel seitlich erläutert wird, und weiter in einem ziellosen Treiben von da nach dort und zurück, von nichts angezogen und von allem zugleich. Einer leert Müllkörbe, ein anderer sammelt mit einem Scherenarm Kippen und Papierschnipsel auf, gepflegt gekleidet, sauber rasiert, als gehörten sie zu den Gästen in ihren Freizeitsachen dazu. Nirgends ein Bettler zu entdecken oder Betrunkene, nur Standard auf sämtlichen Schirmen, keine Hektik und keine irreguläre Geschwindigkeit.

Langsame Zooms und Schwenks, um einer Person quer durch das Atrium zu folgen, bis sie ins Sonnenlicht tritt, ein Gesicht heranholen, eine Szene, deren Auflösung von Interesse scheint. Die Kellnerin im Café Josty. Ein älteres Paar, das sich küsst. Kleines Mädchen mit ulkiger Brille dreht sich tanzend im Kreis. Ein Bobtail zieht sein Herrchen an der straff gespannten Leine vorwärts, verschwindet mit ihm aus dem Bild und taucht in einem anderen in der Reihe darüber wieder auf, noch in derselben Bewegung begriffen, doch jetzt vor der Kulisse des Brunnens. Zerteilter Raum – ein großes Puzzle, das sich auf fünf mal fünf Feldern beständig neu figuriert, wechselnde Perspektiven ohne Anfang und Ende, von links oben nach rechts unten in einer computergesteuerten Serie von Brennweiten und Ausschnitten.

Mit Zahlen beschriftete Sticker kleben an den Regalleisten, zuletzt Nummer 25 unter einer Totalansicht der Piazza im Miniaturformat, von hoch oben gefilmt, so dass alles wie Spielzeug wirkt, ein animiertes Puppenhaus. Nicht ganz real, auch weil die Bilder flach sind, keine Tiefenschärfe haben, als würde es nur um den Vordergrund gehen. Vordergründe im Quadrat, die sich staffeln, überlagern, ergänzen, ohne einen blinden Fleck zu lassen, Raum für Spekulation.

Auf was es ankommt im verschwiegenen Kern des Wartens, eine aufblitzende Irritation, die plötzlich die Aufmerksamkeit fesselt, ein Impuls von Gefahr, der wie aus dem Nichts den Geist elektrisiert. Als hätte man es Sekunden zuvor schon geahnt, ein mulmiges Gefühl, das sich abrupt zu einer Gewissheit verdichtet, der Typ mit Melone auf Monitor 12. Jetzt lüftet er zum Gruß seinen Hut und verneigt sich mit einem Kratzfuß in Richtung Kamera. Einem Zirkusdirektor gleich, breitet er seine Arme aus, grinst, während zwei Ballerinas ins Bild treten, die Pappschilder hochhalten, auf denen etwas geschrieben steht, in fetten schwarzen Buchstaben: *Alles nur ein Spiel* und: *Ist die Welt nicht schön?* Sie räumen ihren Platz für einen Clown, der Leute heranwinkt mit einem Paar überdimensionaler Gummihände, hin- und hertorkelnd, als befände er sich auf einem schwankenden Schiff.

Der Clown postiert die sich sammelnden Zuschauer im Halbkreis, Kinder nach vorn. Die Ballerinas helfen ihm dabei, nicht sehr geschickt auf ihren Zehenspitzen balancierend. Was allen Vergnügen zu bereiten scheint, die ersten Kinder versuchen es auch schon, Arme gebogen in der Luft. Der vierte hat seine Melone wieder aufgesetzt, als er sich einmal umdreht, sieht man die Schrift hinten auf seinem weißen Hemd: *Du darfst nicht lachen.*

2007

Die Mauer. Der Schnitt durch die Stadt.
ES IST EIN SCHNITTER DER HEISST TOD
Der Tote im Stacheldraht
Ist der Erleuchtete: auf ihn
Fiel Licht aus Scheinwerfern noch
Als sie ihn trugen: Kopf, baumelnde Hand
Ins Dunkel wieder. Blut
Weggeharkt unterm Sand.

Kurt Bartsch: Potsdamer Platz, Nacht

Monika Maron
Brachiosaurus

Wenn ich mich richtig erinnere, habe ich einmal Biologie studiert, es kann aber auch Geologie oder Paläontologie gewesen sein, jedenfalls war ich, als ich meinen Geliebten traf, schon längere Zeit mit der Erforschung urzeitlicher Tierskelette befaßt und arbeitete im Berliner Naturkundemuseum, wo ich meinen Geliebten auch zum ersten Mal gesehen habe. Das Museum besaß damals, vielleicht auch heute noch, das größte Dinosaurierskelett, das je in einem Museum zu besichtigen war. Ein Brachiosaurus, an die zwölf Meter hoch und dreiundzwanzig Meter lang. Wie in einem Tempel stand es, das ich er nannte, unter der gläsernen Kuppel inmitten des säulengeschmückten Saals, plump und erhaben, eine göttliche Behauptung mit lächerlich kleinem Kopf, und grinste herab auf mich, seine Priesterin. Meinen Dienst an ihm begann ich jeden Morgen mit einer stillen Andacht. Für eine halbe oder ganze Minute stellte ich mich vor ihn, so daß ich ihm in seine wunderbaren, von leichten Knochenspangen geformten Augenhöhlen sehen konnte, und wünschte mir, wir wären uns so begegnet, als sein Gerippe noch von fünfzig Tonnen Fleisch umhüllt war, und er an einem Morgen vor hundertfünfzig Millionen Jahren unter der immergleichen Sonne in der Nähe von Tendaguru, wo er gestorben ist und vermutlich auch gelebt hat, seine Nahrung suchte.

An den Brachiosaurus denke ich gern. Außer meinem Geliebten und dem Brachiosaurus gibt es nicht viel, woran ich noch gern denke.

Wie jedes Leben in Osteuropa geriet auch meins unter die Willkür des Absurden und wurde grausam zugerichtet. Unser Museum besaß außer dem Brachio-

saurus überhaupt eine der herrlichsten Saurier-Samm-
lungen, die auf der Welt zu sehen waren. Wir hatten
einen Dicraeosaurus, einen Dysalotosaurus, den Ken-
trurosaurus, Plateosaurus, Bradysaurus, und vor allem
hatten wir den Urvogel, den wundervollen, kostbaren
Urvogel. Aber mich, die ich ihre Liebhaberin und
Erfinderin sein wollte, hat man zu ihrer Putzfrau gemacht. Ich durfte sie verwalten und nach brüchigen
Stellen an ihren Gelenken suchen, aber nicht nach ihren Schwestern und Brüdern in Montana, New Jersey,
im Connecticut Valley oder im Tal des Red Deer River.
Ich durfte nicht die seltsamen vogelartigen Fußspuren
sehen, die Pliny Moody aus South Hadley, Massachu-
setts, schon am Anfang des neunzehnten Jahrhunderts
in seinem eigenen Garten gefunden hat. Ich durfte
nicht einmal zu Kongressen fahren, wo ich Leute hätte
treffen können, die das alles gesehen hatten.

Niemand, der sich in seinem Leben nicht für eine
Sache mehr interessiert hat als für alle anderen, der
nicht beseelt war von dem Wunsch, über diese eine Sache alles Erfahrbare aufzuspüren, zu sehen, anzufassen,
wird mein Unglück verstehen können. Etwa dreihundert Meter von unserem Museum entfernt verlief die
Mauer, die man rund um die westeuropäische Enklave
inmitten von Ostdeutschland, um den westlichen Teil
Berlins, gebaut hatte. Ich habe es in den Jahrzehnten ihrer Existenz als zweitrangig empfunden, daß sie mich
von dem größeren Teil meiner Stadt trennte, obwohl
es mich bis zuletzt verwunderte, daß dieser Gangster-
streich gelungen war und die vier Millionen Bewohner
der Stadt die steinerne Anmaßung hinnahmen, wie die
Kalifornier es hinnehmen müßten, wenn die Andreas-
spalte eines Tages endgültig aufbräche. Was mir aber,
sobald ich darüber nachdachte, Schwindel verursachte
wie der Versuch, sich die Unendlichkeit vorzustellen,
war der unfaßbare Gedanke, daß diese häßliche, drei
Meter hohe Betonmauer mich nicht nur vom Rest
der Erde trennte, sondern auch von ihrer ganzen ur-
alten Geschichte. Sie raubte mir das Paläozoikum, das

Mesozoikum, die Kreidefelsen und Juragebirge, sie raubte mir alles, dem ich mein Leben hatte verschreiben wollen. Ich erinnere mich an einen jungen Mann, der wie ich in der Saurierabteilung arbeitete und der jahrelang davon träumte, das Glasdach über dem Kopf des Brachiosaurus als Startplatz für einen Ballonflug über die dreihundert Meter bis hinter die Mauer zu benutzen. Nur hätte er dafür Ostwind gebraucht, der selten war und kaum berechenbar. Andererseits bedurfte das Vorhaben auffälliger Vorbereitungen. Ein Heißluftballon kam wegen der Flamme des Brenners, die nachts weithin geleuchtet hätte, nicht in Frage, denn natürlich hätte der Junge nur nachts davonfliegen können. Für einen Wasserstoffballon hätte man aber wenigstens zehn schwere, eineinhalb Meter hohe Stahlflaschen auf das Glasdach schleppen müssen, wo sie möglicherweise wochenlang, bis zum nächsten Ostwind eben, hätten lagern müssen, ohne entdeckt zu werden. Trotzdem war der junge Mann eines Tages verschwunden, wie meine Tochter. Er schrieb uns eine Karte aus Rom. Ich erinnere mich gut an ihn, weil ich mir damals oft vorgestellt habe, daß ich nachts in dem dunklen Saal neben dem Brachiosaurus stehe und durch das Glasdach zusehe, wie der Ballon sich langsam füllt, bis seine Haut sich strafft und er den Jungen vom Dach hebt. Ich habe gesehen, wie die Schuhsohlen des Jungen sich vom Glas lösen, wie seine Beine pendeln, als könnte er durch die Luft laufen. Ich habe wirklich in einer seltsamen Zeit gelebt. Und wer weiß, ob ich die Saurier besser verstanden hätte, wenn ich ihren Spuren durch die ganze Welt hätte folgen dürfen; ob mich meine ewige Zwiesprache mit dem einen, den ich für alle anderen liebte, ihrem Geheimnis nicht näher gebracht hat, auch wenn mein ganzes Ahnen um sie nicht einen einzigen Satz in einem Lehrbuch hergäbe.

Ich weiß es nicht.

1996

Katja Petrowskaja
Google sei Dank

Es wäre mir lieber, ich müsste meine Reisen nicht hier beginnen, in der Ödnis um den Bahnhof, die immer noch von der Verwüstung dieser Stadt zeugt, einer Stadt, die im Lauf siegreicher Schlachten zerbombt und ruiniert worden war, als Vergeltung, so schien es mir, denn von dieser Stadt aus war der Krieg gesteuert worden, der tausendfach Verwüstung verursacht hatte, weit und breit, ein endloser Blitzkrieg auf eisernen Rädern, mit eisernen Flügeln. Das ist nun so lange her, dass diese Stadt zu einer der friedlichsten Städte der Welt geworden ist und diesen Frieden fast aggressiv betreibt, als eine Form der Erinnerung an den Krieg.

Der Bahnhof wurde vor kurzem in die Mitte dieser Stadt gebaut, und trotz des Friedens war der Bahnhof unwirtlich, es war, als verkörpere er all die Verluste, die mit keinem Zug einzuholen sind, einer der unwirtlichsten Orte in unserem kreuz und quer vereinigten und doch sehr begrenzten Europa, ein Ort, an dem es immer zieht und wo sich der Blick auf eine Ödnis öffnet, ohne dass sich ihm Gelegenheit bieten würde, in einem städtischen Dickicht hängenzubleiben, auf etwas zu ruhen, bevor man wegfährt von hier, aus dieser Leere inmitten der Stadt, die keine Regierung füllen kann, mit keinen großzügigen Bauten und keinen guten Absichten.

Es zog auch dieses Mal, als ich am Bahnsteig stand und wieder die Großbuchstaben *Bombardier Willkommen in Berlin* unter dem Bogen des geschwungenen Daches mit dem Blick abtastete, die Umrisse befühlte, gelangweilt, aber doch wieder erstaunt über das Gnadenlose dieses Willkommens. Es zog, als ein älterer

Herr sich mir näherte und mich nach Bombardier fragte.

Man denke sofort an Bomben, sagte er, an Artillerie, an diesen schrecklichen, unbegreiflichen Krieg, und warum gerade Berlin so grüßen solle, diese schöne, friedliche, zerbombte Stadt, die sich all dessen bewusst sei, es könne doch nicht wahr sein, dass Berlin Ankommende wie ihn mit diesem Wort in Großbuchstaben sozusagen bombardiere, und was heißt hier Willkommen, wer genau soll hier bombardiert werden und womit. Er suche dringend nach einer Erklärung, denn er fahre gleich ab. Ich antwortete, etwas erstaunt darüber, dass meine innere Stimme sich in Gestalt eines alten Mannes mit schwarzen Augen und amerikanischem Akzent an mich wandte, atemlos und immer aufgeregter, fast ungezügelt mit Fragen mich bewarf, die ich selbst schon hundertmal durchgespielt hatte, play it again, dachte ich, immer weiter in diese Fragen versinkend, in diese Ferne der Fragen auf dem Bahnsteig, und ich antwortete, dass auch ich sofort an Krieg denke, keine Altersfrage also, ich denke sowieso immer an den Krieg, besonders hier in diesem Durchgangsbahnhof, der für keinen Zug Endstation ist, keine Sorge, man fährt immer weiter, dachte ich, und dass er nicht der Erste sei, der sich das frage und auch mich. Ich bin zu oft hier, dachte ich kurz, vielleicht bin ich стрелочник, *strelotschnik*, ein Weichensteller, und immer ist der Weichensteller schuld, aber nur auf Russisch, dachte ich, als der alte Mann sagte, my name is Samuel, Sam.

Und dann erzählte ich ihm, dass *Bombardier* ein französisches Musical sei, das in Berlin erfolgreich laufe, viele Menschen kommen deshalb in diese Stadt, stellen Sie sich vor, nur wegen *Bombardier*, die Pariser Kommune oder so von damals, zwei Nächte im Hotel plus Musical alles inklusive von heute, und dass es schon Probleme gegeben habe, weil im Hauptbahnhof für *Bombardier* geworben wird, nur mit diesem einen Wort, kommentarlos, es stand schon in der Zeitung, sagte ich, ich erinnere mich, sagte ich, dort stand, das Wort wecke falsche Assoziationen, sogar einen Gerichtsfall hat es gegeben im Streit der Stadt mit dem Musical, es wurden Linguisten beigezogen, stellen Sie sich vor, die das Wort auf sein Gewaltpotential hin überprüften, und das Gericht hat das Urteil zugunsten der freien Werbung ausgesprochen. Ich glaubte immer mehr an meine Worte, obwohl ich keine Ahnung hatte, was dieses Bombardier am Dachbogen des Bahnhofs bedeutete und woher es kam, aber das, was ich so begeistert und fahrlässig erzählte und was ich auf keinen Fall als Lüge bezeichnen würde, beflügelte mich, und ich schweifte immer weiter ab, ohne die geringste Angst abzustürzen, ich drehte mich immer weiter in den Kurven dieses niemals gesprochenen Urteils, denn wer nicht lügt, kann nicht fliegen.

Wohin fahren Sie?, fragte mich der alte Mann, und ich erzählte ihm alles, ohne eine Sekunde zu zögern, mit dem gleichen Schwung, als würde ich das nächste Musical verurteilen, ich erzählte von der polnischen Stadt, aus der meine Verwandten vor hundert Jahren nach Warschau und dann weiter nach Osten gezogen waren, vielleicht nur, um mir die russische Sprache zu vererben, die ich nun so großzügig niemandem weiterverschenke, dead end also und Halt, deswegen muss ich fahren, erzählte ich, dorthin, in eine der ältesten Städte Polens, wo sie, die Ahnen, von denen man nichts weiß, wirklich, keine Ahnung, wo sie zwei, drei oder auch vier Jahrhunderte gelebt haben, vielleicht seit dem fünfzehnten Jahrhundert, als die Juden in dieser kleinen polnischen Stadt die Garantien bekommen hatten und zu Nachbarn wurden und zu den anderen. And you?, fragte Sam, und ich sagte, ich bin eher zufällig jüdisch.

Wir warten auch auf diesen Zug, sagte Sam nach einer kurzen Pause, auch wir fahren mit dem Warszawa-Express. Mit diesem Zug, der wie ein Vollblutpferd aussieht, wie er nun aus dem Nebel auftaucht, ein Expresszug, der sich zwar gemäß dem Fahrplan, jedoch gegen die Zeit bewegt, in die Zeit von Bombardier, for us only, dachte ich, und der alte Mann fuhr fort, seine Frau suche dasselbe, die Welt ihrer Großmutter nämlich, die aus einem kleinen weißrussischen Dorf bei Biała Podlaska in die USA gekommen sei, und doch sei es nicht seine Heimat und nicht die seiner Frau, hundert Jahre sei es her und viele Generationen, und auch die Sprache kenne von ihnen keiner mehr, aber Biała Podlaska klinge für ihn wie ein forgotten lullaby, gottweißwarum, ein Schlüssel zum Herzen, sagte er, und das Dorf heißt Janów Podlaski, und dort hätten damals fast nur Juden gewohnt und jetzt nur die anderen, und sie beide würden dorthin fahren, um sich das anzuschauen, und, er sagte tatsächlich wieder und wieder *und*, als stolpere er über ein Hindernis, dort sei natürlich nichts geblieben, er sagte *natürlich* und *nichts*, um die Sinnlosigkeit seiner Reise zu betonen, ich sage auch oft natürlich oder sogar naturgemäß, als ob dieses Verschwinden oder dieses Nichts natürlich oder auch selbstverständlich sei. Die Landschaft jedoch, die Namen der Orte und ein Gestüt für Araberpferde, das seit Anfang des neunzehnten Jahrhunderts existiert, gegründet nach dem Napoleonischen Krieg und in Fachkreisen die erste Adresse, das alles sei noch da, erzählten sie mir, das hätten sie alles gegoogelt. Ein Pferd könne dort gut eine Million Dollar kosten, Mick Jagger habe bei einer Auktion schon Pferde aus diesem Gestüt angeschaut, sein Drummer habe drei gekauft, und nun würden sie dorthin fahren, fünf Kilometer von der weißrussischen Grenze entfernt, Google sei Dank. Sogar einen Pferdefriedhof gebe es dort, nein, der jüdische Friedhof sei nicht erhalten geblieben, auch das stehe im Internet.

I'm a Jew from Teheran, sagte der alte Mann, als wir noch am Bahnsteig standen, Samuel ist mein neuer Name. Ich bin aus Teheran nach New York gekommen, sagte Sam, er könne Aramäisch, habe vieles studiert und sei immer mit seiner Geige unterwegs. In den USA hätte er eigentlich Nuklearphysik studieren sollen, habe sich jedoch beim Konservatorium angemeldet, sei bei der Aufnahmeprüfung durchgefallen, und so sei er Banker geworden, und auch das sei er nicht mehr. Noch nach fünfzig Jahren, sagte seine Frau, als wir schon im Zug saßen und der metallene Regenbogen *Bombardier Willkommen in Berlin* nicht mehr auf unsere Köpfe drückte, da sagte seine Frau, egal ob er Brahms, Vivaldi oder Bach spielt, alles klingt iranisch. Und er sagte, es sei Schicksal, dass sie mich getroffen hätten, ich sähe aus wie die iranischen Frauen seiner Kindheit, er hatte iranische Mütter sagen wollen, vielleicht wollte er sogar *wie meine Mutter* sagen, hielt sich aber zurück, und er fügte hinzu, es sei auch eine Schicksalsfügung, dass ich mich in der Familienforschung besser auskenne als sie und dass ich mit dem gleichen Ziel und dem gleichen Zug nach Polen fahre – falls man den Drang, nach Verschwundenem zu suchen, überhaupt als Ziel definieren dürfe, erwiderte ich. Und nein, es ist nicht Schicksal, sagte ich, denn Google wacht über uns wie Gott, und wenn wir etwas suchen, dann gibt er uns nur unsere Reime darauf, genauso wie sie einem, hat man im Internet einen Drucker gekauft, noch lange Zeit danach Drucker anbieten, und wenn man einen Schulranzen kauft, kriegt man noch jahrelang die Werbung dazu, von Partnersuche ganz zu schweigen, und wenn man sich selbst googelt, verschwinden irgendwann sogar die Namensvettern, und es bleibt only you, als würde, wenn man sich den Fuß verstaucht hat und hinkt, plötzlich die ganze Stadt hinken, aus Solidarität vielleicht, Millionen von Hinkenden, sie bilden eine Gruppe, beinahe die Mehrheit, wie soll Demokratie funktionieren, wenn man nur das kriegt, was man schon gesucht hat, und wenn man das ist, was man sucht, so dass man sich nie allein fühlt oder immer, denn man hat keine Chance, die anderen zu treffen, und so ist das mit der Suche, bei der man auf Gleichgesinnte stößt, Gott googelt unsere Wege, auf dass wir nicht herausfallen aus unseren Fugen, ich treffe ständig Menschen, die das Gleiche suchen wie ich, sagte ich, und deswegen haben auch wir uns hier getroffen, und der alte Mann sagte, genau das sei eben Schicksal. In der Exegese war er offensichtlich weiter als ich.

Auf einmal fiel mir das Musical ein, das tatsächlich vor Jahren hier Furore gemacht hatte, als man auf den Werbeflächen der Stadt die Worte *Les Misérables* sah, kommentarlos, anders als der gleichnamige Film, der die Elenden *Gefangene des Schicksals* nannte. Das Musical sprach jeden mit Les Misérables an, als ob man ständig getröstet werden müsste – Ach du Elende! – oder auch nur darauf hingewiesen, dass nicht nur einer, sondern wir alle uns im Elend wiederfinden, im Elend vereint, denn angesichts dieser riesigen Buchstaben, angesichts dieser Ödnis in der Mitte der Stadt sind wir alle Elende, nicht nur die anderen, sondern auch ich. Und so füllen die Buchstaben von Bombardier am Bogen des Bahnhofsdaches uns mit ihrem Hall, wie Orgelmusik die Kirche füllt, und niemand kann entkommen.

Und dann googelte ich wirklich: Bombardier war eine der größten Eisenbahn- und Flugzeugbaufirmen der Welt, und dieser Bombardier, der unsere Wege bestimmt, hatte vor kurzem die Kampagne *Bombardier YourCity* gestartet. Schnell und sicher. Und nun fuhren wir mit dem Warszawa-Express von Berlin nach Polen, mit dem Segen Bombardiers, umgeben von Vorhängen und Servietten, seinen Insignien mit dem Aufdruck WARS, einer Abkürzung so altmodisch und vergangen wie Star Wars und andere Kriege der Zukunft.

2014

Günter Kunert
Berliner Gemäuer

Ich rede von den Häusern jenseits der Spree, jenseits der Friedrichstadt: von denen in der Dorotheenstadt, an der Chausseestraße, wo ich geboren bin und wo ich viel später, in einer nachmaligen Existenz, manchmal über einen Hinterhof ging, dessen Katzenkopfpflaster moosig-grün verfärbt war, um dort eine rechtens so geheißene Stiege zu einer Wohnung hinaufzusteigen, von der aus man auf den Dorotheenstädtischen Friedhof hinabblickte, auf welchen der Wohnungsinhaber nach einiger Zeit verzog; dort liegt er jetzt gegenüber Fichte und Hegel und hat für seine dialektischen Späße die richtige Gesellschaft.

Selbstverständlich rede ich auch von der Linienstraße, einstmals verrufen als Slum; Schlupfwinkel der Kriminalität und Prostitution; Unterkunft armer ostjüdischer Einwanderer, dicht besiedelt, menschenüberfüllt: Dort entdeckt man die seltsamsten Höfe, halb verkommen und halb verwunschen, was wohl dasselbe ist. Von ihnen rede ich.

Geht man durch eine bestimmte Toreinfahrt und überquert den ersten Hof, einen quadratischen, nur im Sommer helleren Schacht, gelangt man auf den zweiten, der dem ersteren so unähnlich ist, daß man ihre architektonische Verwandtschaft nicht glauben möchte. Rechts und links in diesem Hof breite Blumenrabatten, in der Mitte ein grobgepflasterter Weg, der vor dem Eingang eines klassizistisch wirkenden, frisch getünchten, nur zwei Stockwerke hohen Gebäudes endet: Produkt einstmaliger preußischer Bautätigkeit; Eindruck von friderizianischem Schlößchen und friderizianischer Kaserne, was hierzulande ja eine berüchtigte, zukunftsdeformierende Einheit bildete.

Linkerhand wird der unerwartete freundliche Hof von einem gleichfalls niedrigen Bauwerk flankiert, lange vor Erfindung der Mietskaserne errichtet; rechterhand kein Bau, sondern ein weiterer, zum Nachbarhaus gehörender, durch keine Mauer abgetrennter Hof, der aber gut zwei Meter tiefer im Niveau liegt.

Ein anderer Hof, von dem ich reden will, liegt nur wenige hundert Meter entfernt, auch er in der Linienstraße. Ich stand in einem engen unregelmäßigen Rechteck mit einem Déjà-vu, wie es jeder einmal erlebt hat, erblickt er zum ersten Male etwas, das ihm so bekannt vorkommt, als kenne er es von jeher. Auf diese nicht ganz geheure Weise war der nie vordem aufgesuchte Hof einer der Höfe meiner Kindheit, identisch mit einem in der ehemaligen Weißenburger Straße, die heute den Namen ihrer prominentesten Bürgerin trägt, Käthe Kollwitz, und wo damals meine Großeltern lebten: Haus und Hof verschwanden im Feuer; wo sie gewesen, grünt jetzt vom Trottoir bis zu himmelhohen Brandmauern ein Rasen, der nichts deckt. Die Brandmauern selber: Rückseiten der Häuser, von deren Fundament bis zum Bürgersteig der Schönhauser Allee, Parallele der Kollwitzstraße, sich der älteste jüdische Friedhof Berlins erstreckt: eine verwilderte Erinnerung an jene, die noch friedlich starben.

Aber nicht davon rede ich, sondern von dem völlig fremden, wiedererkannten Hof, wo im linken Seitenflügel das Schlafzimmerfenster meiner Großeltern offenstand, das heißt: das Fenster, das an der gleichen Stelle die Fassade durchbricht wie das vergangene, aus dem ich als Kind hinunter- und zu dem ich hinaufgesehen hatte. Eine Frühjahrssonne erleuchtete und wärmte den abbröckelnden Putz und ließ die Erinnerung sprießen, wie das Frühjahrssonne immer tut. Hinter den geöffneten Fensterflügeln hingen Spitzengardinen, gleichfalls wiedererkannt, und es fehlte nur noch, damit die Illusion phantastische Wahrheit werde, daß mein Großvater dort oben aus dem ersten Stock hinauslehne, als liebenswürdiger Mittagsspuk, doch starb er weder in dieser noch in seiner wirklichen Wohnung, aus der er, bevor sie in Schutt zerfiel, schon in ein Jenseits deportiert worden war, dessen Pforte, hinter der es keine Hoffnung mehr gab, sich in einer weit entfernten, einer ehemaligen Garnisons- und späteren Ghettostadt befand; von den dortigen Häusern jedoch, aus deren Fenstern heute statt der zum Tode Verurteilten zum Leben Begnadigte schauen, mit Mienen aber, die vom Unbehagen des Wohnens in aufgelassenen Grüften künden, will ich hier nicht reden, sondern von den alten Berliner Gemäuern, in denen viele Wohnungen ein Ortsspezifikum, eine bauliche Mißgeburt umschließen: das berüchtigte »Berliner Zimmer«, meist schlauchförmig langgestreckt zwischen vorderen und hinteren Räumen und durch ein einziges Fenster zum Hof kaum erhellt; den ganzen Tag über muß das Licht brennen, sonst wird der Raum sogleich zur Grotte undelphischen Orakelns darüber, ob man selber nicht bloß eine Ausgeburt des Hauses sei, ein beweglicher Stalagmit, auf Gnade und Ungnade seiner Höhle ausgeliefert, von der anzunehmen war, daß sie einen lange, lange überdauern würde.

In Berlin war diese Annahme ein Irrtum, eine Verkennung der örtlich wirksamen Kräfte; hier überdauerten die Gebäude nie historisch lange ihre Bewohner. Was aus dem siebzehnten Jahrhundert übriggeblieben ist, kann man an den Fingern einer Hand abzählen, und was aus dem achtzehnten an den Fingern der anderen. Keine Stadt auf Erden ist so traditionsfeindlich wie Berlin, so bemüht, Tabula rasa mit Überkommenem zu machen, so unfähig, nach geschichtlichen Umschwüngen architektonisch Irrelevantes zu integrieren; keine wirft leichter über Bord, was sie ererbt von ihren Vätern hat, und sei es auch restaurabel: weg damit!

1970

Volker Braun
Chausseestraße

Es war ein Friedhof, wo wir landeten
Und ihre Lippen meine wild begruben.
Alles herum lag still geworden
Während wir uns unersättlich
Beim Namen nannten: Liebe! Lieber!
Und auf den Steinen: Die Liebe währt ewig!
Und die Begierde warf uns zwischen Gräber.
Mickel, der seinen Rotwein austrank
Rauchte vermutlich seinen Lorbeer unten.
Hier will ich liegen, ruhig ausgestreckt
Es ist ein Friedhof, wo wir landen
Wußte ich, und meine Lippen gruben
Sich in ihre. Und wie von Leben trunken
Umbeinte sie mich hart, ich sahe
Die schwarze Erde, und der Himmel nahe.

2005

Na schön, Berlin – eine dumme und ziemlich unappetitliche
Sorte Babel. Aber die Linden am Bahnhof Friedrichstraße duf-
teten so süß.

Brigitte Reimann

Ingeborg Bachmann
Berliner Zimmer

Berliner Zimmer, dämmriges Gelenk in der lichten Zimmerflucht, an dem hohen Plafond die Stucktröstung, eine Erinnerung, daß es damals in Schöneberg war. Bedenkzelle zwischen lauten Zimmern. Die Flausen, die Federn darin, die alle gelassen haben, es ist lange her, ist nicht lange her. Es ist ein Fest, es sind alle eingeladen, es wird getrunken und wird getanzt, muß getrunken werden, damit etwas vergessen wird, etwas, es ist – falsch geraten! –, ist heute, war gestern, wird morgen sein, es ist etwas in Berlin. Alle tanzen schweigend, die jungen Leute legen die Wangen aneinander. Dann trinken alle doch sehr viel. Die letzten Gäste schreien sich die Seele aus dem Leib, sie wissen nicht mehr, was sie reden: kann ich, kann ich, hab ich, hab ich, mach ich, mach ich! Die Autos springen alle nicht an, es wollen alle übernachten in diesem Zimmer. Der Chefarzt wird zu spät zum Skat kommen, er hat ausnahmsweise noch einmal hereingesehen und den Finger auf den Mund gelegt. Man weiß nicht, ob Hoffnung ist, aber wenn keine Hoffnung ist, so ist es jetzt doch nicht ganz furchtbar, es dämpft sich, es muß nicht Hoffnung sein, kann weniger sein, braucht nichts zu sein, es ist nichts, es ist, ist vorbei an *Scharnhorst, Versicherungen, Zigarren, Schokoladen, Leiser, Feuersozietät, Commerzbank, Bolle,* vorbei, das letzte Flugzeug ist eingeflogen, das erste fliegt ein nach Mitternacht, fliegt alles gehörig hoch, nicht durch das Zimmer. Es war eine Aufregung, war weiter nichts. Es wird nicht mehr vorkommen.

1965

31

Christa Wolf
Hadesfahrt

Die Farbe ist grau. Die dunkle Frau hat mich bei der Hand gefaßt, es ist nicht auszumachen, wer wen führt, sie lächelt und sagt etwas wie: Zum letztenmal, ich fühle schon ein Bedauern, obwohl dieses letzte Mal noch vor mir liegt. Das Fenster unseres Berliner Zimmers wieder, aus dem wir hinausschweben, das muß so sein. Der Hof unter uns, eingesperrt in das Mauerviereck der Häuser. Das Himmelsquadrat über uns, das in dieser Stadtmitte niemals ganz dunkel wird. Die scharf ausgeschnittenen Lichtzeichen weniger Fenster. Die grelle Musik aus dem oberen Stockwerk. Alles wie immer, und alles neu. Wir lassen uns herab, schweben durch den Torweg hinaus, dessen Flügel merkwürdigerweise weit offenstehen.

Die Friedrichstraße ist aufgerissen. Tiefe Gräben laufen an den Rändern der Bürgersteige entlang, begrenzt von hohen Stein- und Sandhaufen. Wir folgen, immer schwebend, dem Lauf der Gräben und blicken in das Gewirr von Kabeln und Röhren unter uns. Bloßlegen der Eingeweide. Ja, sagt Kora, so könnte man es nennen. Wir gleiten an späten Besuchern vorbei, die leicht angetrunken aus der »Kleinen Revue« kommen, und hocken uns Ecke Hannoversche und Chausseestraße auf einen der Sandhaufen, den die Maschinen aufgeworfen haben. Ein geisterhaftes Licht scheint aus der Unterwelt herauf. An den steil abfallenden Grabenrändern können wir die Schichten ablesen, in denen die Jahrzehnte ihren Schutt abgelagert haben. Archäologie der Zerstörungen. Kora, die immer noch meine Hand hält, gibt mir ein Zeichen, wir lassen uns in den Graben hinab auf die unterste Schicht, welche die Bagger freigelegt haben. In den Hades, sage ich zu

Kora. Wir stehen auf zersprungenen, zerschlagenen Fliesen, eine Wandkachel zeigt grüne Ranken, eine andere eine Kette von Würsten. Eine Fleischerei alten Stils, aus dem vorigen Jahrhundert, vermuten wir, verschüttet. Durch leichtes Schaben legen wir eine höhere Schicht frei, Mauersteine, in die kyrillische Buchstaben eingeritzt sind, ich entziffere einen Namen, Pawel war hier, sage ich zu Kora. Russisch kann sie auch lesen. Wladimir kam aus Nowgorod, sagt sie. Der wäre vielleicht lieber dort geblieben. Botschaften einer versunkenen Epoche. So schnell geht es, flüstere ich Kora zu. Und immer decken die Späteren die Zeugnisse der Vergangenen eilfertig mit ihren Pflastersteinen und ihrem Beton zu, über den dann die neuen Soldaten marschieren. Und wenn wir ein wenig graben würden, uns in die Wände hineinarbeiten, wir würden auf Knochen stoßen. Die Einschußlöcher in den ober- und unterirdischen Häuserwänden zeugen von lebhaftem Schußwechsel, selbstverständlich muß auch Menschenfleisch in die Schußlinie geraten sein.

Wir graben nicht. Wir bewegen uns weiter in dem Grabensystem, folgen Wasser- und Abwasserrohren, in denen es gurgelt oder die, verrostet, in einer Sackgasse enden, stoßen auf Kabelschächte, in denen die Leitungen längst verrottet sind und neben die man nun, das ist der Sinn dieser Grabungen, neue Leitungen in neuen Kabelschächten verlegt, durch die Strom fließt, durch die Telefongespräche, belauscht und unbelauscht, hin- und hergehen, und einmal, nach einem weiteren halben Jahrhundert, dessen Zeugin ich nicht mehr sein werde, müssen diese Gräben wieder geöffnet werden, und andere, die heute noch nicht geboren sind, werden hier stehen und sich den Kopf zerbrechen über die undurchschaubaren Absichten ihrer Vorfahren.

Lassen Sie das, sagt Kora, die also Gedanken lesen kann, es wundert mich kaum. Grübeln Sie nicht. – Aber, sage ich, wenn man bedenkt, wie alles sich immer wiederholt. – Jetzt werden Sie banal, sagt Kora, solche Wörter benutzt sie also, und übrigens, fügt sie hinzu, für denjenigen, der sie zum erstenmal erlebt, ist jede Wiederholung neu. – Aha. Ich schweige höflich. Sie will mich aufmuntern. Sie ist mir beigegeben, um mich aus der Sackgasse herauszuführen, in der ich anscheinend stecke. Sie scheut auch billige Mittel nicht. Ich stelle sie auf die Probe: ob sie ein Wort wie Vergeblichkeit kennt. – Sie schnaubt ein wenig durch die Nase: Jeder Arzt kennt dieses Wort, und wie. – Dicht daneben ist auch vorbei, sage ich, und Kora lacht. Ich meine, sage ich, und sie, die all ihre Höflichkeit und all ihre berühmte Einfühlung vergessen hat, unterbricht mich schroff. Sie wisse ganz genau, was ich meine: jene große, allumfassende Vergeblichkeit, in die man sich so herrlich einlullen, in der man sich so wunderbar wälzen könne. – Jetzt muß ich lachen. Aber wenn es doch stimme? Wenn dies, ganz nüchtern betrachtet, die Lebenssumme sei: Vergeblichkeit? – Also hören Sie mal, sagt Kora – wir haben uns aus den Gräben erhoben und schweben die Friedrichstraße hinunter, schwenken Unter den Linden nach links, alles menschenleer, nur ein paar nächtliche Wartburgs irren wie arme Seelen herum in der ausgestorbenen Stadt, die mir auf einmal ausnehmend gut gefällt – hören Sie mal: Das ist jetzt einfach nicht der richtige Zeitpunkt, Ihre Irrtümer zu hätscheln, sagt Kora. Linkerhand fliegt die Universität vorbei, kaum Zeit, den beiden Humboldts zuzuwinken. Das Zeughaus. – Kora, sage ich, das können Sie nicht beurteilen. – Warum nicht, sagt sie. Weil ich jünger bin als Sie? – Auch, sage ich. Und weil Sie meine Ärztin sind. – Also nicht unbefangen? sagt sie. Jetzt wird sie wütend, das hätte ich ihr gar nicht zugetraut. Dann könne sie ja gehen. Sie entzieht mir ihre Hand. – Nicht doch, sage ich.

Wir sitzen auf einmal auf den Stufen zum Palast der Republik. Ein Steinhaufen auch er, denke ich, Glas und Beton, gebaut, um unterzugehen. Vielleicht deshalb ist er in dieser Nacht der redlichste Ort in dieser untergehenden Stadt. Metropolis. Metropole der Macht. Metropole von zwei Mächten. Die Stadt, einst heiliger Ort, entweiht. Sie zerfällt vor unseren Augen. Und keine Umkehr aus der neuen Wildnis. Die Gewißheit greift mir ans Herz.

2002

Auf dem westberliner Stadtplan läßt sich die Mauer kaum finden. Nur ein zartes, rosa gestricheltes Band zerteilt die Stadt. Auf dem Ostberliner Stadtplan hört die Welt an der Mauer auf. Jenseits des schwarz umrandeten, fingerdicken Trennstrichs, den die Zeichenerklärung als Staatsgrenze ausweist, beginnt die Geographie. So sah die märkische Tiefebene vielleicht zur Zeit der Völkerwanderung aus. Der einzige Hinweis auf die Existenz einer Mauer findet sich unter dem Stichwort »Sehenswürdigkeiten«: dort wird auf die Reste der historischen Stadtmauer von Berlin aufmerksam gemacht, in der Nähe der alten Klosterkirche.

Peter Schneider

Mascha Kaléko
Bleibtreu heißt die Straße

Vor fast vierzig Jahren wohnte ich hier.
… Zupft mich was am Ärmel, wenn ich
So für mich hin den Kurfürstendamm entlang
Schlendere – heißt wohl das Wort.
Und nichts zu suchen, das war mein Sinn.
Und immer wieder das Gezupfe.
Sei doch vernünftig, sage ich zu ihr.
Vierzig Jahre! Ich bin nicht mehr.
Vierzig Jahre. Wie oft haben meine Zellen
Sich erneuert inzwischen
In der Fremde, im Exil.
New York, Ninety-Sixth Street und Central Park,
Minetta Street in Greenwich Village.
Und Zürich und Hollywood. Und dann noch Jerusalem.
Was willst du von mir, Bleibtreu?
Ja, ich weiß. Nein, ich vergaß nichts.
Hier war ein Glück zu Hause. Und meine Not.
Hier kam mein Kind zur Welt. Und mußte fort.
Hier besuchten mich meine Freunde
Und die Gestapo.
Nachts hörte man die Stadtbahnzüge
Und das Horst-Wessel-Lied aus der Kneipe nebenan.
Was blieb davon?
Die rosa Petunien auf dem Balkon.
Der kleine Schreibwarenladen.
Und eine alte Wunde, unvernarbt.

1974

Tanja Dückers
Marmortreppe, Hinterhöfe, Rattenloch

Unsere Spiele fanden meist, vor allem als mein Bruder, meine beste Freundin Maria und ich kleiner waren, in unserem Haus oder in der unmittelbaren Nachbarschaft statt. Marmortreppe, Hinterhof und Rattenloch markierten dabei völlig unterschiedliche Epochen Berlins, die wir territorial gleichwertig bespielten.

Auf der unversehrt durch den Krieg gekommenen, im Kaiserreich gebauten imposanten, hohen und steilen Marmortreppe im Vorderhaus spielten wir Vater, Mutter, Kind (später: Polizeistaat versus RAF). Es wurde stets von der Marmortreppe, nie einfach von Treppe gesprochen. Das ist bis heute so. Eigentlich sucht man ja stets nach Abkürzungen, nach Entschnörkelung der Sprache, wir stellten in diesem Fall aber gern zwei Silben davor. Auf dieser Treppe habe ich bis 18 zählen gelernt (so viele Stufen besitzt sie) und den Unterschied zwischen geraden und ungeraden Zahlen begriffen. Mit meinem Bruder und den anderen Kindern aus dem Haus verbrachte ich viele lange Nachmittage auf dem grauen, tristen, für uns aber hochinteressanten Hinterhof mit den Hexenmülltonnen, mit den von den Künstlern aus den Erdgeschosswohnungen aufgestellten, aus Kindersicht etwas seltsamen Skulpturen und der alles abriegelnden Mauer, die nur einen kleinen Blick hin zu dem abweisenden Neubau der anderen Welt hinter oder vor uns erlaubte. Auf dem Hof wurden noch Teppiche geklopft. Sehr altmodisch aussehende Schilder, vielleicht noch aus der Vorkriegszeit, mahnten: »Teppich klopfen nicht vor 5 Uhr«. Anders als heute hockten die Mütter nicht neben uns, wenn wir draußen spielten – wir waren oft stundenlang allein. Irgendwann am frühen Abend reckten die Mütter ihre Köpfe aus den Fenstern und riefen »Aaaambrot!«, »Abendbrot« sagte niemand.

Wir gingen selbstständig, ohne den Eltern Bescheid zu geben, auf das weitläufige Gelände vor und neben der *Freien Volksbühne* und auf den großen an der Meierottostraße liegenden Spielplatz. Oder wir liefen gleich zum Rattenloch, zwischen Fasanen- und Ludwigkirchstraße gelegen. Das Rattenloch war eine Brache, die durch einen Bombentreffer entstanden war. Wie an so vielen Orten in der Stadt blickte man auf eine Brandmauer. Auf dieser konnte man im Laufe der Jahrzehnte viele Graffiti lesen, die den jeweiligen Zeitgeist wiedergaben – von *Lummerland ist abgebrannt* bis hin zu *Kiss me Tender*.

Heute jammern viele, insbesondere Zugezogene, über das Verschwinden der zahlreichen Brachen. Zum Teil ist ihr Verlust bedauerlich, zum Teil auch nicht – in jedem Fall haftete vielen Brachen damals noch ein anderer Charakter an, sie waren nicht nur pittoresk-urig-crazy fürs Berlin-Fotoalbum, sondern verbreiteten eine unmittelbare Nachkriegsatmosphäre. Es waren keine coolen Clubs oder Strandbars auf ihnen angesiedelt, keine kleinen, netten Parks oder Spielwiesen, sie waren oft einfach – wie unser Rattenloch eben – ein Zuhause für Berlins größte Bevölkerungsgruppe. Irgendjemand sagte damals mal, was mir als Kind Eindruck gemacht hat, dass in Berlin drei Millionen Menschen und neun Millionen Ratten leben würden. Hatten Maria und ich dort nicht einmal Ratten so groß wie Dackel gesehen? Sie spielten zwischen verdorrten Sträuchern, zertrümmerten Möbeln, kaputten Kinderwägen, zerbrochenen Schallplatten, nassen und schimmeligen Büchern, verfaultem Essen, leeren Plastikflaschen und alten Dosen. Im Rattenloch musste man aufpassen, dass einem keine Konservendosendeckel in die Turnschuhe schnitten.

Im Rattenloch war deutlich zu merken, wer nach dem Zweiten Weltkrieg Herr über dieses bombenzerstörte Gebiet geworden war und wer es nach einem

Dritten Weltkrieg erst recht bleiben würde. Mit seinem 1986 erschienenen Werk *Die Rättin* hatte Günter Grass den Nerv des Zeitgeistes getroffen.

Tatsächlich haben wir in meiner Grundschulzeit lange im Unterricht das Thema »Ratten« gehabt – es scheint in West-Berlin nicht ohne Grund auf dem Rahmenplan gelandet zu sein. Bald wusste ich, dass sie einen hervorragenden Geruchssinn haben und sehr intelligent sind. Sie leben in komplexen sozialen Zusammenhängen, in Clans von bis zu über 100 Tieren, die in Untergruppen eingeteilt sind. Diese Clans können sowohl von Männchen als auch von Weibchen angeführt werden. Früher als der *homo sapiens sapiens* haben sie begriffen, dass eine doppelte Führungsspitze den meisten Gruppierungen gut tut. Meist sind es zwei Ratten, die einen großen Clan anführen.

Einmal stand mir eine Ratte aufrecht auf den Hinterbeinen auf einer Waschmittel-Tonne gegenüber und sah mich an. Ihr taxierend-kritischer Blick ging mir durchs Herz. In ihren Augen sah ich Stolz und furchtlosen Gleichmut, das sture, durch nichts zu erschütternde Selbstbewusstsein Jahrhunderte alter Herrschaft über Stadt, Land und Untergrund.

Die Lehrer sprachen mit Respekt von den Ratten. Wie klug sie seien, wie anpassungsfähig. Man fühlte sich ihnen beinahe ein wenig unterlegen. Ihnen und den ebenfalls allgegenwärtigen, grenzüberfliegenden Tauben. Lange Zeit tastete niemand das Rattenloch an, es hieß immer, es sei zu feucht, um es wieder zu bebauen. Aber vor dem Krieg war es doch bebaut gewesen. Ich hatte das Gefühl, niemand wollte es mit den Rattenclans dort aufnehmen.

Heute ist die Baulücke verschwunden. An der versifften Ecke von einst befindet sich nun ein feines Restaurant, das *Gios' Fagiano*. Nebenan wartet *Divinos* mit teuren Weinen auf sowie *Nicos süßes Atelier* mit edler Schokolade. Damals war das Rattenloch eine Art gedankliche Leerstelle. Niemand hielt sich länger dort auf. Während Brachen heute Orte der gedrängten

Anwesenheit sind, waren sie früher Orte der Abwesenheit. Wenn man durch Berlin spazierte, ob auf dem Schulweg oder einfach so (mir scheint im Rückblick, dass Berlin damals viel langsamer und vertrödelter war), dann waren die vielen Brachen so etwas wie Gedankenstriche – Pausen, Lücken, Unterbrechungen im hektischen Vorwärts-Vorwärts der Stadtmenschen. Das Prinzip des Fehlens und des Zerstörten – die Brachen waren ja gewaltsam geschaffen worden – fraß sich in die eigene Gedankenwelt ein, als Sprung und Absenz, als etwas Disharmonisch-Eruptives, auch Kreatives. Meine Neigung als Kind, immer irgendwo einen kleinen Fehler – absichtlich – zu machen (zum Beispiel beim Aufräumen alle Murmeln in das Murmelglas zu stecken, aber eine zu den Schachfiguren zu legen), passt für mich zu diesem Prinzip.

2016

»Ich gesteh: Ich bin gefährlich,
ein ganz schlimmer Terrorist:
schmiß mit Eiern und Tomaten,
wie ihr sicher alle wißt.
Doch nun krieg ich meine Strafe
und muß in das Zuchthaus rin,
und da sitz ich hundert Jahre,
weil ich ein armer Teufel bin.«

Volker von Törne: Fritze

Nicolas Born
2. Juni 1967

Ich war am Mittag schon an der Oper vorbeigegangen. Polizisten in Arbeitsanzügen stellten auf der anderen Straßenseite Absperrungen auf. Vom Mittelstreifen wurden Autos abgeschleppt. Auf den Fahrbahnen ging in beiden Richtungen ungerührt der Verkehr. Während ein paar Mann Teile der Absperrung ineinanderklinkten, drehte sich einer, den Hammer locker in der Hand, nach mir um. Es wurden immer mehr Absperrungsteile herangeschleppt und befestigt. Es sah alles ganz unbedeutend aus. Weder die Autos noch die Absperrung widersetzten sich dem ruhigen, flachen Bild. Die Arbeitsjacken der Polizisten waren um die Oberschenkel herum zugeschnürt. Ein paar ältere Leute kamen vorbei. Ein Lastwagen, mit Stahlrohren beladen, hielt, und der Fahrer sprach kurz mit den Beamten, die dann ein Absperrungsteil aus der Kette herausnahmen und beiseite schoben. Das kam mir alles so vor, als hätte ich es schon einmal gesehen, und ich fühlte mich sogar unwillig werden, weil das alles so langsam ging, als ob diese Vorbereitungen fürchterlich viel Zeit hätten, während ich doch meinte, alles müßte sehr rasch gehen. Und mich störten auch diese Bewegungen, die fahrig und zufällig schienen, jedenfalls nicht flott und geübt; sie standen in Kontrast zu der einheitlichen Arbeitskleidung.

Ich bin weitergegangen auf den U-Bahn-Eingang zu, und da hörte ich, wie ein Polizist zu seinem Nebenmann sagte: ... meine Frau ... Mehr verstand ich nicht, obwohl ich für einen Augenblick meinte, ich sei angesprochen worden und solle nun meinen, diese Männer seien nicht anders als andere auch.

1976

Ton Steine Scherben
Rauch-Haus-Song

Der Mariannenplatz war blau, soviel Bullen waren da,
und Mensch Meier mußte heulen, das war wohl das Tränengas.
Und er fragte irgendeinen:»Sag mal, ist hier heut 'n Fest?«
»So was Ähnliches«, sachte einer, »das Bethanien wird besetzt.«
»Wird auch Zeit«, sachte Mensch Meier, »stand ja lange genug leer.
Ach, wie schön wär' doch das Leben, gäb' es keine Pollis mehr.«
Doch der Einsatzleiter brüllte:»Räumt den Mariannenplatz,
damit meine Knüppelgarde genug Platz zum Knüppeln hat!«

Doch die Leute im besetzen Haus
riefen:»Ihr kriegt uns hier nicht raus!
Das ist unser Haus, schmeißt doch endlich
Schmidt und Press und Mosch aus Kreuzberg raus.«

Der Senator war stinksauer, die CDU war schwer empört,
daß die Typen sich jetzt nehmen, was ihnen sowieso gehört.
Aber um der Welt zu zeigen, wie großzügig sie sind,
sachten sie:»Wir räumen später, lassen sie erst mal drin!«
Und vier Monate später stand in Springers heißem Blatt,
das Georg-von-Rauch-Haus hat eine Bombenwerkstatt.

Und die deutlichen Beweise sind zehn leere Flaschen Wein,
und zehn leere Flaschen können schnell zehn Mollies sein.

Doch die Leute im Rauch-Haus
riefen:»Ihr kriegt uns hier nicht raus!
Das ist unser Haus, schmeißt doch endlich
Schmidt und Press und Mosch aus Kreuzberg raus.«

Letzten Montag traf Mensch Meier in der U-Bahn seinen Sohn.
Der sagt: »Die woll'n das Rauch-Haus räumen,
ich muß wohl wieder zu Hause wohnen.«

»Is ja irre«, sagt Mensch Meier, »sind wa wieder einer mehr
in uns'rer Zwei-Zimmer-Luxuswohnung, und das Bethanien steht
   wieder leer.
Sag mir eins, ha'm die da oben Stroh oder Scheiße in ihrem Kopf?
Die wohnen in den schärfsten Villen, unsereins im letzten Loch.
Wenn die das Rauch-Haus wirklich räumen,
bin ich aber mit dabei und hau den ersten Bullen,
die da auftauchen, ihre Köppe ein.«

Und ich schrei's laut:
»Ihr kriegt uns hier nicht raus!
Das ist unser Haus, schmeißt doch endlich
Schmidt und Press und Mosch aus Kreuzberg raus.«

Und wir schreien's laut
Und wir schreien's laut
Und wir schreien's laut:
»Ihr kriegt uns hier nicht raus!
Das ist unser Haus, schmeißt doch endlich
Schmidt und Press und Mosch aus Kreuzberg raus.«

1972

»Eben det Leben so!« –
Kiez und Milieu

Katharina Hacker
Diesseits und Jenseits der Hauptstraße

Die Potsdamer Straße ist lange schäbig gewesen, jetzt
wird sie weiter oben fein, Läden öffnen, Galerien, Restaurants, dazwischen noch der eine oder andere Spiel-
salon, die Joseph-Roth-Diele gibt es zum Glück, das
Ave Maria und den libanesischen Laden Harb, einer
meiner Lieblingsläden, der Gerüche wegen, weil sie
die besten Oliven haben und hübsche Gläser und Seife.

Unten bei uns, wo die Potsdamer Straße zur Hauptstraße wird, gibt es nichts Besonderes. Eine Zeitlang
im vormaligen Hertie der traurigste Schuhladen der
Welt, in der Passage lungern die immer selben Gestalten, überhaupt Gestalten, wie unser Nachbar immer
sagte, ich war auf der Hauptstraße, heute wieder nur
Gestalten …

Früher gab es ein Elektrogeschäft an der Ecke Aka-
zienstraße, in einem flachen, halbrunden Bau. Zwischen Staubsaugern und Wasserkochern standen aus-
gestopfte Tiere, ein Reh, ein Dachs war, glaube ich,
auch dabei. Der Elektriker ist nach Schmargendorf
gezogen, Starbucks mußte wieder schließen, jetzt hält
sich das Kochhaus dort. Öz-Gida, der türkische Supermarkt zwischen Haupt- und Belzigerstraße, ist zum
Glück geblieben.

Es gibt diese Orte, die bloß zur Passage oder zum
Gebrauch taugen, wenn sie auch ihre Geschichte haben in den Gebäuden und Steinen und Gesichtern. In
Schöneberg heißt die Hauptstraße eben Hauptstraße
und läßt den Himmel sehen, mit leichter Biegung, ansteigend und sich wieder senkend, ein Allerlei an Häusern und an Menschen.

Die Fassaden der großen Mietshäuser waren wohl
prächtig, wie es um die Jahrhundertwende zum

Zwanzigsten sein mußte, die Post imposant, früher stand dahinter eine Fabrik, vermutlich gleichzeitig noch mit Pferdeställen hinter den Häusern, vielleicht wegen der Pferdebahn, oder es gab überhaupt noch Vieh, Ställe, Remisen, Gartenhäuser, anderes Leben in Wörtern aufgespeichert, in den Fassaden, die vom Zweiten Weltkrieg verschont blieben, und ganz oben wollte ich wohl gerne in der Hauptstraße wohnen, hoch über der Straße mit Ampeln und Autolichtern, mit Lärm, der aber etwas gedämpft wird, und Passanten und Nachtschwärmern auch, seit der Havanna Club floriert, so daß am Wochenende sogar durch die Eisenacher Straße gegen drei oder vier Uhr müde Tänzer gehen, auf dem Weg zur U-Bahn.

Die Straßen hier wischen sich ab, was Geschichte ist, das Dunkle wird im Gebrauch zur Spur von etwas, das nirgendwohin zu führen scheint, der Volksgerichtshof war um die Ecke, von welcher Seite wohl die Wagen mit den Gefangenen gefahren kamen, und wo stieg Freisler aus? In der Elßholzstraße oder von der Potsdamer Straße aus? Jetzt weiß man nicht recht, was man von der Grünanlage, ein Park ist es ja nicht, obwohl es früher einmal der Botanische Garten war, die Radrennbahn dann, halten soll, und ob es womöglich nachts gefährlich ist, weil Dealer herumstreifen, tagsüber sind da nur Kinder, Mütter, Hunde, immer Kaninchen, die Bäume sind groß, als wüßten sie noch was von den Gewächshäusern, dem verheerenden Unfall auf der Radrennbahn, der gleich nach der Eröffnung 1909 ihr Ende einläutete.

Es wäre, die Ecke Hauptstraße, Grunewaldstraße, eine zweite Ecke, an der ich gern wohnen wollte, in einem oberen Stockwerk wieder, wegen des Lärms, von dort oben aber doch gern über die Kreuzung und in alle Richtungen blickend, bis zum Gasometer hin, die kleine Anhöhe entlang zur Langenscheidtbrücke und Richtung Markt, dem Crelle-Markt.

Es gab immer ein Diesseits und ein Jenseits der Hauptstraße, auf der einen Akazienkiez und Kaffeeläden wie das Double Eye, auf der anderen Seite billigere Wohnungen, bis hin zur Roten Insel, dort wurde Marlene Dietrich geboren. Inzwischen hat sich die krude Unterteilung milder, und die Straßen um die Gustav-Müller-Straße wirken nicht mehr düster oder verstockt, sondern auf eigensinnige Weise aus der Zeit, und in dem kleinen Park an den Gleisen gibt es Nachtigallen.

Man kann nicht mehr über Berlin schreiben, ohne an Mieterhöhung und Gentrifizierung zu denken. Und doch geht es nicht darum, sondern um etwas, das viel schwerer greifbar ist und einen Eigensinn berührt, eine Hartnäckigkeit, einen hartnäckigen Wunsch. Vielleicht komme ich darauf wegen des Parkplatzes von Öz-Gida. Der Parkplatz hat eine Schranke, die Lieferwagen halten dort an einer Rampe vor den Kühlräumen, es gibt, auf dem weitläufigen Gelände, eine Kanzlei, Avucat sagt ein Schild, es gibt merkwürdige Holzgiebel, einen Schlot, einen eckigen Turm, das ist der dritte Ort, an dem ich wohnen wollte, in diesem Backsteinturm, ich weiß nicht, was das früher war. Auf dem Parkplatz wachsen Kastanien, in einer davon ist ein großes Baumhaus, vor allem aber ziehen die Besitzer oder Angestellte von Öz-Gida dort Gemüse, es ist ein winziger Nutzgarten, Kohlrabi, Tomaten, Kohlköpfe wachsen dort, im Laden werden sie nicht verkauft.

Gegenüber des Parkplatzes findet sich ein winziger Park abschüssigen Geländes, in dem meine Kinder Schlitten gefahren sind, ein Spielplatz darauf, davor Backsteinbauten, als wäre früher einmal etwas anderes dort gewesen, das eines würdigen Eingangs bedurft hätte, es wachsen Pflaumenbäume, eines Spätsommers traf ich zwei bärtige Männer mit Takke, die Pflaumen ernteten und mir gern welche herunterreichten.

Wir wechselten bloß ein paar Sätze, an einem Spätsommertag und während man Pflaumenkerne über die Straße spuckt, muß man sich nicht verbrüdern und verschwestern.

Um den Kaiser-Wilhelm-Platz und die Kolonnen-
straße hinauf kommt es mir manchmal turbulent vor,
so, als wäre da immer noch eine Grenze zwischen
Alt- und Neu-Schöneberg, der Platz heißt nach dem
Denkmal, das es längst nicht mehr gibt, jetzt steht eine
Mahntafel dort für die in den KZs Ermordeten, dann
kommen den Hügel hinauf allerlei Geschäfte, ein
Hörgeräte-Laden, den neulich ein Blinder suchte, Blu-
menladen, das Kino Xenon, Passanten eilen zur Julius-
Leber-Brücke, an der Brücke ist ein Eisladen, ein Ge-
müsestand, darunter die neue Haltestelle zu Ehren des
Widerstandskämpfers Leber, der sich in der Nähe vor
den Nazis versteckte, bis er doch verraten wurde, darunter die Gleise voller Müll und Ratten und Kaninchen,
die Strecke der S1, auf den Potsdamer Platz zu, aber
erst einmal unter der Langenscheidt-Brücke hindurch.

Aufsichtsloses Grün an den Rändern der Gleise,
Schöllkraut und Taubnesseln und Springkraut und
später Goldrute, Gräser eh und Hopfen auch, vieler-
lei Gebüsch, Holunder dabei, und die halbe Straße,
Häuser auf der einen, Gleisbett auf der anderen Seite,
führt auf den Crelle-Markt zu. Kleiner Türkenmarkt,
sagen die Leute, längst nicht so groß nämlich wie der
am Maybachufer, allenfalls zweihundert Meter, zwei
Gassen auf dem kleinen Dreieck, das drei Straßen bilden. Vielleicht sind es Reste, die so verramscht werden.
Jedenfalls wird gerufen, Avocados gibt es im Kilo, ein
paar Stände mit Kitteln, billigen Schuhen, Ärmlich-
keit, Stress und die Tischchen, auf denen auch etwas
feilgeboten wird, ein paar gestrickte Babyschuhe; und
überhaupt die Waren, LED-Lampen mit hebräischer
Aufschrift und Kinderkleidchen in türkischen Verpa-
ckungen, aus aller Herren Länder, und wie die Händler sich verständigen, in einem Gemisch aus Deutsch
und Türkisch vielleicht, und woher die Schuhverkäu-
fer mit den Turbanen? Alles Männer jedenfalls. Die
Kundschaft gemischt.

Schwer zu sagen, warum es mir hier gefällt. Schönheit ist schön, und Schöneberg ist es nicht.

Ein beunruhigter Transvestit schritt unlängst am vietnamesischen Edeka vorbei. Den Kopf gereckt, die Miene starr, nicht nur von Schminke. Zweimal sah ich vor Imbißläden Blumen stehen, einmal war jemand erschossen worden, das andere Mal war es die Adresse, wo David Bowie wohnte, über einer Autowerkstatt, damals.

Stehen in der Strumpf-Boutique die Sommer-Beine im Schaufenster, weiß man, der Winter muß doch bald enden. Kommt ein neuer Sommer, vielleicht in die Straße neue Läden statt der alten. Die Pflaumenbäume bleiben stehen, und an Straßenrändern haben sich Leute kleine Gärten angelegt, und die frühere Dorfkirche steht auf ihrer Anhöhe über der Hauptstraße, das Leben wird nicht weniger. Was geschieht, sammelt sich an und geht über die Straßen hinweg, während es die Straßen imitiert, sich ihnen anähnelt, bis zur Unkenntlichkeit, bis zum Vergessen, es sind dieselben Straßen. Fenster spiegeln andere Fenster, und etwas bleibt für immer unvollkommen. Was für eine Erleichterung, wenn sie auch enttäuschend sein mag.

2017

In Berlin sind jetzt alle Leute in Fettpapier gewickelt. Es ist Maiensonntag. Myriaden von Bierflaschen stehen bis zum Wannsee hinunter, viele Flaschen schwimmen auch schon im Wasser, nah an die Ufer gedrängt von Dampferwellen, damit die Männer sie noch herausfischen können.

Ingeborg Bachmann

Adolf Endler
Prenzlberch

Wer neckisch und scheinkennerisch vom »Prenzlberg«
spricht statt vom »Prenzlauer Berg«, der wird von J.
und ihrer Straßen-Kamarilla sofort als zugewanderter
»Nordmensch« oder als »eener aus Sachsen« erkannt:
»Det is' unjefähr so, als ob eener in San Franzisco von
›Frisco‹ spricht; da weeß jeder echte San-Franziscoer
sofort Bescheid, hab' ick jelesen!: Der is' nich' von
hier!« – / / – Der Hügel »jenseits« des Senefelder ge-
widmeten Denkmals (nicht weit vom Luxemburg-
platz), wo jetzt die Kommunale Wohnungsverwaltung
residiert, wird übrigens nach wie vor »Pfefferberg« *ge-
schimpft*; wenn einer zur KWV bestellt ist, sagt er nur:
»Ick muß *unten uffn* Pfefferberch ...« (Dagegen nennt
man den gleichfalls hügeligen Komplex des zwischen
Schönhauser und Prenzlauer dampfenden VEB BAKO
wohl erst seit dem Nachkrieg das »Schrippengebirge«,
in meiner exzessuöseren Prosa wird es sich voraus-
sichtlich demnächst zum »Brezel-Himalaya« aufstei-
len.) – / / – »Aber *Prenzlberg*, Mensch; da looft et een' ja
kalt den Rücken runter!«

1981

Anke Stelling
Gemeinschaftsfläche

Wir sind nicht viele, aber Jörn ist natürlich da, und Ulrike.

Wir treffen uns wie immer im Gemeinschaftsraum, knapp fünfzig Quadratmeter gemeinsam finanzierter Fläche. Er ist unser Aushängeschild, der Beweis dafür, dass uns mehr verbindet als nur ökonomische Interessen, dass wir uns begegnen wollen, unser Leben gemeinsam bestreiten –

Auf der Tagesordnung des heutigen Plenums steht: »Nutzung der Gemeinschaftsflächen«. Das Thema hat Jörn sich gewünscht. Jörn findet, man solle einen Zettel ans Schwarze Brett hängen und eine E-Mail schreiben, wenn man was vorhabe. Damit alle Bescheid wüssten und niemand sich ausgeschlossen fühle.

Ich: »Wenn ich was im Garten oder im Gemeinschaftsraum mache, ist doch klar, dass es offen für alle ist.«

Uta: »Wieso ist das klar?«

Ich: »Es sind doch die Gemeinschaftsflächen. Wenn ich was alleine machen will, mache ich's in der Wohnung oder schreib' in den Kalender: ›Am Sonntag brauche ich den Gemeinschaftsraum für mich allein.‹«

Jörn: »Und was spricht dagegen, eine Gemeinschaftsaktion vorher anzukündigen?«

Ich: »Ich weiß nicht – Spontaneität? Vielleicht will ich nicht ausdrücklich einladen. Vielleicht hab' ich einfach Lust, was zu machen, zu jäten, ein Baumhaus zu bauen, einen Film zu schauen. Fertig. Wenn gleich 'ne Aktion mit Einladung daraus wird, bin ich die Verantwortliche. Die Chefin. Und zudem enttäuscht, wenn keiner kommt.«

Jörn: »Man muss es halt *rechtzeitig* ankündigen.«

Ich: »Ja genau. Das meine ich. Das kann ich vielleicht nicht. Oder will ich nicht. Weil ich einfach nur so jetzt was machen will.«

Jörn: »Also willst du *doch* nicht, dass jemand mitmacht.«

Ich: »Doch! Wer mag, soll runter- oder raufkommen und mitmachen!«

Uta: »Das traut man sich aber nicht, weil man denkt, du willst was alleine machen – wo du's schließlich nicht mal angekündigt hast.«

Ich: »Also, Moment mal. Konkret jetzt, okay? Ich bin mit Lina im Garten und baue Baumhaus – «

Jörn: »Gutes Beispiel. Da hätten vielleicht auch andere Leute Lust zu. Ich zum Beispiel.«

Ich: »Und warum kommst du dann nicht runter?«

Jörn: »Ich hab' halt im Moment was anderes zu tun.«

Ich: »Gut. Dann hätte aber auch ein Zettel nichts gebracht. Dann müsste ich zwei bis drei Wochen vorher 'ne Doodle-Liste zur Terminfindung machen. Will ich aber nicht. Weil ich gar nicht weiß, wann ich Zeit und Lust habe, mit Lina zu bauen.«

Uta: »Also doch nur du und Lina!«

Ich: »Nein! Aber *ich* will bauen dürfen, wenn *ich* Lust und Zeit habe! Und wer keine Lust oder Zeit hat, den schließe *ich* doch nicht aus! Der hat einfach keine Lust oder keine Zeit!«

Uta: »Du gibst Jörn ja keine Chance, Zeit zu haben.«

Maren: »Finn hat zu Helene gesagt, sie dürfe nicht aufs Baumhaus, das sei Linas.«

Ich: »Das ist doch Quatsch.«

Maren: »Hat Finn aber gesagt. Und das muss er doch irgendwo herhaben, nicht?«

Berit: »Von mir hat er's nicht.«

Jörn: »Also, meiner Ansicht nach passiert genau das. Dass unklar ist, um was es sich handelt. Beim Baumhaus, zum Beispiel. Ist das jetzt für alle?«

Ich: »Meint ihr im Ernst, ich baue da unten Linas privates Baumhaus?! An dem keiner mitbauen darf und in das keiner rein soll?!«

Dieter: »Was ist denn so schlimm daran, einen Zettel aufzuhängen?«

Ich: »Das *ist* schlimm! Ich weiß nicht, wer so ein schwaches Selbstbewusstsein hat, dass er sich nicht traut, einfach runterzukommen und mitzumachen! Oder hochzukommen, wenn hier jemand im Gemeinschaftsraum 'nen Film schaut! Wir sind doch eine *Gemeinschaft*! Da braucht es doch keine ausdrückliche Einladung!«

Maren: »Aber Helene hat sich nicht getraut, aufs Baumhaus raufzugehen.«

Ich: »Helene muss zu Finn sagen: ›Hör mal, das ist Quatsch. Das Baumhaus gehört allen!‹«

Jörn: »Wenn du einen Zettel aufgehängt hättest, hätte Helene vielleicht sogar mitbauen können.«

Ich: »Helene hätte mitbauen können, wenn sie Zeit und Lust gehabt hätte und runtergekommen wäre! Wer glaubt im Ernst, ich hätte zu Helene gesagt: ›Nein, du darfst nicht mitmachen, das hier ist Linas Baumhaus‹?!«

Jörn: »Aber du kannst doch gar nicht alle Kinder, die mitbauen wollen, ausreichend beaufsichtigen. Das muss man doch vorher absprechen und einen Termin finden, an dem genügend Erwachsene, am besten noch welche mit Bauerfahrung, Zeit haben und mitmachen wollen.«

Ich: »Genau. Und wenn wir darauf warten, auf diesen Termin, dann wird niemals was auf den Gemeinschaftsflächen stattfinden. Dann hätten wir bis heute kein Baumhaus.«

Uta: »Moment mal, das stimmt doch nicht. Wir hatten schon sehr viele schöne, gemeinsame Aktionen.«

Ich: »Ich will nicht so leben. Mit so viel Bürokratie und Misstrauen.«

Jörn: »Jetzt werd' mal nicht dramatisch.«

Dieter: »Ist das denn schon Bürokratie? Eine E-Mail zu schreiben?«

2015

Maxim Biller
Die Jahre mit Maserati

Es war ein sehr kalter Tag. Er hatte über Nacht die Balkontür nicht zugemacht, und wenn er ausatmete, kam ein kleines Dunstwölkchen aus seinem Mund. Er lag im Bett, nur sein Gesicht schaute unter der Decke hervor, und er machte Dunstwölkchen. Noch fünf, nein, noch zehn, dann würde er aufstehen.

Sie hatte ihn nicht geküßt, bevor sie im Morgengrauen gegangen war. Sie hatte ihn nur angefaßt, und als er auf ihr lag, half sie ihm nicht, aber es ging trotzdem ziemlich leicht. Auch hinterher küßte sie ihn nicht, und er schlief gleich weiter und träumte von einer Flasche Corona, die so groß war wie die Wasserpumpe am Monbijouplatz. Dann wachte er wieder auf, es war Nachmittag, und er dachte an die große Flasche Corona. Er hätte gern eine Zigarette geraucht, aber er hatte keine mehr. Er ging auf die Toilette, machte das Telefon an und legte sich wieder hin. »Hallo, Kater, bin schwanger. Tut mir leid, daß du es so erfährst. Fahre zu meinen Eltern.«

Es waren noch zwei andere SMS gekommen, beide von der Produktion, und auf die Mailbox hatten sie ihm auch gesprochen und jedesmal wütender gefragt, wo er bleibe, um eins sei Anprobe gewesen, bis sechs wäre noch jemand da.

»Hallo, Kater, bin schwanger. Tut mir leid, daß du es so erfährst. Fahre zu meinen Eltern.«

Fahr zur Hölle, dachte er und machte wieder ein Wölkchen. Nummer vier.

Sie waren drei Freunde, die sich nach vielen Jahren wiedersahen. Einer wurde Sänger, einer Arzt, und der, den er spielte, wurde gar nichts. Er war nie weggegangen, er wohnte noch bei seiner Familie, und er war nicht mehr so schön wie früher, aber man konnte sehen, daß er es mal war. In der einen Nacht, in der dieser Film spielte, würde alles anders werden für jeden von ihnen. *Die große Gerade.* Ein guter Titel, fast schon zu amerikanisch.

Er hatte noch den Sherry, den seine Mutter bei ihrem letzten Besuch zum Kochen gekauft hatte, und vielleicht stand irgendwo eine Flasche Wein. Eine Zigarette wäre besser. Er stellte sich vor, wie der Rauch seine Lungen füllte und wie ihm langsam schwindelig wurde, und dann mußte der Rauch wieder raus, obwohl er ihn am liebsten gar nicht mehr ausgeatmet hätte. Wölkchen Nummer fünf.

Ich werde das Auto verkaufen müssen, dachte er plötzlich. Er wunderte sich selbst, daß er das dachte, aber genau das dachte er. Ich werde das Auto verkaufen müssen, das kann ich mir nicht mehr leisten, wenn ich jeden Monat zahlen muß. Jedenfalls nicht dieses Auto. Du gibst einmal zuviel Gas, und schon knallt es, und der Typ aus der Brunnenstraße muß kommen und es abschleppen, und bis er einen neuen Motor besorgt hat, fährst du die ganze Zeit Taxi, und so ein Motor kostet ja auch was. Das sind sie also gewesen, die Jahre mit Maserati, dachte er, und er wurde kurz traurig. Dann wurde er wütend, und dann machte er die Augen zu und schlief ein.

Als er aufwachte, wurde es wieder ziemlich dunkel. Es war noch nicht ganz dunkel, aber schon ziemlich dunkel. Es war grau, blaugrau draußen – so ein Licht gab es nur Ende November, Anfang Dezember, wenn es um drei, halb vier Abend wurde und Berlin in Finnland lag.

Drei, halb vier – gut. Er stand auf, ging auf die Toilette, und auf dem Weg zurück schaute er in die Küche in der großen Schublade nach, ob vielleicht dort Zigaretten waren. Er fand keine, und er hatte die Sherryflasche schon in der Hand, aber dann stellte er sie zurück. Als er wieder im Bett lag, kam er sich kurz vor wie früher, wenn er als Kind sonntags durch die Wohnung streifte, während die anderen noch schliefen. Weil niemand mit ihm spielen wollte, ging er wieder ins Bett, und die Bettwäsche war so perfekt kühl wie jetzt.

Sie hatten nie darüber geredet. Er hatte sie nicht gefragt, und sie hatte nichts gesagt. Er dachte, wenn sie nichts sagt, dann gibt es nichts zu reden, dann kann nichts passieren. Das war bei den anderen Frauen auch so. Wenn es was zu reden gegeben hätte, hätte sie bestimmt was gesagt, hatte er gedacht, und jetzt dachte er, das war natürlich dumm von ihm gewesen. Sie hätte nur etwas gesagt, wenn sie keine Schwierigkeiten haben wollte. Also, entweder es gab nichts zu reden, oder sie wollte Schwierigkeiten.

Als er sie das erstemal im Casolare sah, hatte er gedacht, das wird nichts, und wenn es was wird, nicht für lange. Er hatte auf den Kanal rausgeschaut und für sie einen Wein nach dem anderen bestellt und immer nur das gedacht. Sie hatte wohl was anderes gedacht als er in dem Moment. Sie hatte schwarze Haare, blaue Augen und einen Blick, der einem auf der Stelle selbst Tränen in die Augen trieb. Er dachte, das ist eben so, wenn sie älter sind, so sind sie dann oft. Dafür schämen sie sich nicht im Bett, und man muß sich vor ihnen auch nicht schämen.

Das Telefon klingelte, und er sprang sofort auf. Als er sah, daß es jemand von der Produktion war, ließ er es klingeln. Es hörte auf, und dann kam eine Nachricht von der Kostümfrau, aber er löschte sie, ohne sie zu lesen, und ging zurück ins Bett. Dann stand er wieder auf und schloß die Balkontür. Er machte Musik an und legte sich hin und hörte Al Green und dachte daran, daß er nie mehr Al Green in seinem schönen Auto hören würde. Es war immer noch ziemlich kalt im Zimmer, er hatte die Decke bis zum Kinn hochgezogen, und die kalte Luft war der Fahrtwind, der ihm ins Gesicht wehte. Er fuhr auf der Leipziger Straße zum Potsdamer Platz und dann weiter nach Westen. Er hörte *What's Up, Little Love*, und zwischen den Häusern tanzte die weiße Wintersonne vor ihm her.

Der Biturbo war wirklich ein sehr schönes Auto. Der Motor hatte einen angenehmen, strengen Klang, es paßten fünf Leute rein, und er war so eckig wie eine Pralinenschachtel, und das war jetzt alles vorbei, weil sie ihm nicht gesagt hatte, daß er aufpassen muß-te. Zehnmal, vielleicht auch zwölfmal hatten sie es ge-macht, sogar als sie ihre Tage hatte. Sie hatten es gut gemacht, ihm hatte es gefallen und ihr auch, und jetzt war er also sein schönes Auto los.

Er atmete durch den Mund aus, aber es passierte nichts. Er versuchte es noch mal, aber die Luft im Zim-mer war nicht mehr kalt genug. Er spürte die Wär-me, die vom Heizkörper hinter dem Bett kam. Man konnte sie fast mit der Hand greifen, und wenn er an die Kälte draußen dachte, wollte er überhaupt nicht mehr raus.

Sie würden ohne ihn sowieso nicht drehen. Sie konnten ohne ihn gar nicht drehen! Niklas hatte die Rolle für ihn geschrieben – er im Film war ein bißchen er im Leben. Das hatte Niklas oft gesagt, und es war ihm nicht immer angenehm gewesen, aber meistens schon. Jetzt war er froh, denn sie konnten ohne ihn nicht anfangen, auch wenn er mal eine Anprobe ver-paßte. Außerdem, zur Zeit wollten sowieso alle mit ihm drehen.

Natürlich konnten sie ohne ihn anfangen. Und wer wollte überhaupt noch mit ihm drehen? Genau – je-der, der ihn früher nicht gekriegt hatte. Es war immer dieselbe Rolle, die ihm angeboten wurde, und das lag nur an ihm, er konnte doch auch mal nein sagen. Die, mit denen er angefangen hatte, arbeiteten jetzt mit anderen Schauspielern, von ihnen bekam er nur noch Almosen. Kleine Rolle im Film, große Buchstaben im Vorspann: »Und als Gast, unser alter Freund Feri, wir wissen auch nicht, warum wir uns das noch antun.«

Scheiße, ich will wieder Wölkchen machen, dach-te er. Er stand auf, riß die Balkontür auf und kroch zurück ins Bett. Es war dunkel im Zimmer, aber er machte kein Licht an. Es war nicht mehr grau und auch nicht blaugrau hinterm Fenster, es war dunkel, fast schwarz. Von draußen kam ein bißchen das häßliche Orange der Ostberliner Straßenlaternen herein, und die Dinge im Zimmer zitterten ein bißchen darin. Der Atem verdunstete sofort vor seinem Mund, und das war so, als wäre die Luft, die in seinen Lungen war, für immer verloren.

Nummer sieben, dachte er. Dann machte er die restlichen drei und schloß die Augen. Er schlief ein, und zehn Minuten später wachte er auf und ging in die Küche. Er trank den Sherry seiner Mutter, ging auf die Toilette, legte sich wieder hin und schlief wieder ein. Er schlief die halbe Nacht, und dann kam eine SMS.

»Und, kleinen Schreck gekriegt? Wollte nur sehen, wie kalt du wirklich bist. Ruf mich nie mehr an. Miau.«

Er machte das Telefon aus, ging ins Bad und duschte. Er duschte sehr lang und sehr heiß, und er dachte immer wieder, fahr doch zur Hölle. Dann legte er sich hin und versuchte zu schlafen, und es ging besser, als er dachte.

2007

»Nuja, allet hierherum: Brunnenstraße, Münzstraße, Alte Schönhauser – und draußen die Laube! *Nuja, eben det Leben so!*«

Adolf Endler: Berliner Geschichte

Heiner Müller
TRAUMHÖLLE IN BERLIN
PARISBAR EINE ORTSBESCHREIBUNG

Wer versucht hat, Dantes GÖTTLICHE KOMÖDIE
ganz zu lesen, eines der großen Bücher der Weltlitera-
tur, für deren Lektüre der Satz gilt VIELE WERDEN
BERUFEN WENIGE SIND AUSERWÄHLT, wird die
Erfahrung gemacht haben, daß die Hölle und das Fe-
gefeuer weit kurzweiligere Plätze sind als das Paradies.
Nicht nur in diesem Sinn ist die PARIS BAR die Hölle
unter den Kneipen Berlins. Der Satz VIELE WERDEN
BERUFEN usw. gilt auch hier. Über dem Eingang
könnte der Spruch geschrieben stehn: Wer hier eintritt,
lasse alle Hoffnung fahren, daß er herauskommt, eh es
Morgen wird. Und daß er herauskommt als der gleiche,
der hineinging. Bis Mitternacht entspricht die PARIS
BAR, nach der Wertordnung Dantes, der oberen Hölle,
die der Maßlosigkeit geweiht ist. Die Folterknechte in
der Uniform von Kellnern sorgen für den Brennstoff,
der die toten Seelen heizt. Nach dem Auszug der Lemu-
ren, ohne die auch diese Hölle nicht auskommen kann,
alle Laster sind zu etwas gut, aber bezahlt wird bar, das
vertreibt die Gespenster, tut sich der Trennboden zur
unteren Hölle auf, schlägt gegen das Morgengrauen
von Berlin die Stunde der Tierwerdung, eingeläutet
durch den rituellen Kopfstand eines als Kampftrinker
bewährten Berliner Schriftstellers von hoher gymnasti-
scher Qualität oder durch einen Schub von Sehnsucht
in der weitgereisten Seele des einen oder andern Öster-
reichers nach den Schneeweiten Alaskas oder der südli-
chen Beleuchtung Griechenlands. Es ist die Stunde der
Inspiration, in der die Bilder an den Wänden der PARIS
BAR zu sprechen beginnen. Sie reden in den Sprachen
des babylonischen Turmbaus, der nicht länger vertagt
werden kann.   *1991*

GRIPS Theater/Volker Ludwig
Wilmersdorfer Witwen

Wir sind die Diademe
Der Reichshauptstadt Berlin
Die Butterkrem der Creme
Die Queens der Tauentzien
Vom KuDamm bis zum KaDeWe
Sind wir die Sahne im Café
Wie vor fünfzig Jahren
Tiri tiri tirallala
Wie vor fünfzig Jahren
Terem terem terem

Unsre Gatten hatten hohe Posten
In Wehrmacht, Staat, Justiz
Der Staat lässt sich's was kosten
Übers Grab hinaus – man sieht's
Drum kämpfen wir in ihrem Sinn
Für Sauberkeit und Disziplin
Wie vor fünfzig Jahren
Augenrechts Augenlinks und zack und stehn
Teraä teräa teraä

Ja wir Wilmersdorfer Witwen
Verteidigen Berlin
Sonst wär'n wir längst schon russisch
Chaotisch – und grün
Was nach uns kommt ist Schiete
Denn wir sind die Elite
Wir Wilmersdorfer Witwen
Wir Wilmersdorfer Witwen!

Berlin erstickt vor Türken
Und Asylantenpack
Nur eins kann da noch wirken:
Knüppel aus dem Sack!
Mit Gott und Diepgen im Verein
Wird unsre Stadt bald sauber sein
Wie vor fünfzig Jahren
Schnedereng schnedereng schnederengtengteng
Wie vor fünfzig Jahren
Teräa teraä teräa

Alte Tugenden beginnen
Bei der Jugend neu zu blühn:
Beizeiten sich zu krümmen
In strebendem Bemühn!
So fügsam sind sie, rein und klar
Geschniegelt und mit kurzem Haar
Wie vor fünfzig Jahren
Schnedereng schnedereng schnederengtengteng
Wie vor fünfzig Jahren
Teräa teraä teräa

Ja wir Wilmersdorfer Witwen
Verteidigen Berlin
Sonst wär'n wir längst schon russisch

Chaotisch – und grün
Was nach uns kommt ist Schiete
Denn wir sind die Elite
Wir Wilmersdorfer Witwen
Wir Wilmersdorfer Witwen
Wir Zehlendorfer, Dahlemer
Charlottenburger, Steglitzer
Wir Lichterfelder, Grunewalder
Wilmersdorfer Witwen!

1986

Heinz Berggruen
Vom Herrn Schaften

Unser Haus an der Ecke Konstanzer und Zähringer Straße in Wilmersdorf war ein komfortables bürgerliches Haus aus der Gründerzeit gewesen. Wir wohnten im ersten Stock, und da die Eltern sich tagsüber meist in ihrem Laden aufhielten – sie hatten ein Schreibwarengeschäft schräg gegenüber –, war die *ganze* Wohnung mein Revier: das Schlafzimmer der Eltern, daneben das meine, anschließend das Eßzimmer und, durch eine Schiebetür getrennt, der Salon sowie das sogenannte Herrenzimmer, das am hinteren Ende der Wohnung lag und der Vorstellung eines sogenannten Berliner Zimmers am nächsten kam.

Die Bezeichnung Herrenzimmer hat mich schon früh beschäftigt. War das ein Zimmer, das Damen nicht betreten durften, und wenn ja, was war der Grund? Jedenfalls wurde das Herrenzimmer wenig benutzt. Das interessanteste darin war die Bibliothek aus schwerer dunkler Eiche. Sie enthielt Reihen von Klassikern in Halblederbänden, neben Goethe und Schiller auch die unvermeidlichen Theodor Storm und Gustav Freytag, aber weder Theodor Fontane noch Thomas Mann. Alles, was ich aus den Regalen zog, war für mich faszinierend, vor allem die zwanzig Bände von *Meyers Großem Konversationslexikon* in der berühmten Vorkriegsausgabe.

Dem Herrenzimmer gegenüber, auf der anderen Seite vom Flur, lagen das Badezimmer, die Küche sowie eine fensterlose Kammer, ein Loch ohne Tageslicht. In diesem Loch war unser Mädchen untergebracht – damals sagte man noch Dienstmädchen, wie bei den Buddenbrooks. Wir waren keine Buddenbrooks, und unser Mädchen kam aus Pommern und hieß Mariechen. Ja, und dann gab es noch einen wunderschönen, tiefen und breiten Balkon.

Unser Haus hatte, was als besonders vornehm galt, einen Fahrstuhl mit gepolsterten Türen und damastbespannten Wänden. Weil wir im ersten Stock wohnten, durften wir ihn allerdings nicht benutzen. Erst von der zweiten Etage aufwärts besaßen die Mieter einen Schlüssel zum Lift. Ich hatte einen gleichaltrigen Freund im dritten Stock – er hieß Robert Lantz, wir nannten ihn Robby –, mit dem ich mich regelmäßig zum »Fahrstuhlfahren« verabredete, rauf und runter, rauf und runter. Das fanden wir aufregend, obwohl gar nichts geschah. Aber es war nun einmal verboten.

Wie es sich damals gehörte, gab es einen Vorder- und einen Hintereingang. Der Hintereingang führte über eine halsbrecherisch enge und steile Wendeltreppe mit trostlos matter Beleuchtung und bereitete mir immer Unbehagen. Der Vordereingang war für Personal und Lieferanten tabu. Damit kein Zweifel aufkommen konnte, war an der gewichtigen Gußeisentür des Haupteingangs ein Emailleschild angebracht mit der Aufschrift »Nur für Herrschaften«.

Vergeblich zermarterte ich mir mein Hirn. Einen Herrn Schaften hatte ich in unserem Haus noch nie gesehen. Wer denn Herr Schaften sei, fragte ich meinen Vater, und ob es stimme, daß nur Herr Schaften diesen Eingang benutzen dürfe. »Wie kann ein Kind nur so dummes Zeug reden«, wies mich mein Vater zurecht. Aber der Herr Schaften ging mir jahrelang nicht aus dem Kopf.

2001

Sven Regener
Schwimmen ist gesund

Als er aufwachte, war er am ganzen Körper schweiß-
naß, was nicht nur von der drückenden Hitze kam, die
über der ganzen Stadt lag, in der es, wie er schätzte,
etwa gegen fünf Uhr am Nachmittag war. In seinem
Traum war es Nacht gewesen, eine Nacht der finsteren
Sorte, und er war durch die Manteuffelstraße gelaufen,
bis er in einem Hochhaus angekommen war, das ge-
droht hatte einzustürzen, sofern nicht bald die Hunde
kämen, er hatte auf dem Balkon auf sie gewartet, weil
er nicht hatte hinuntergehen können, denn auf der
Treppe waren die Männer von der Bierlieferung gewesen und hatten alles blockiert. Es ist sicher der Alkohol,
dachte er und verrieb beim Aufstehen den Schweiß
auf seiner nackten Brust und wollte sich schon in die
Duschkabine in der Küche stellen, als ihm einfiel, daß
das gar nicht nötig war, weil er ohnehin ins Prinzenbad gehen mußte, um Katrin, die schöne Köchin, wie
sein bester Freund Karl sie genannt hatte, zu treffen.

Das ist genau so ein Tag, an dem man auf keinen
Fall ins Prinzenbad fahren sollte, dachte Herr Lehmann mißmutig, während die Linie 1 so langsam und
öde, wie er es von ihr gewohnt war, in Richtung Prin-
zenstraße zuckelte, da sind jetzt riesige Schlangen vor
der Kasse, und dann steht man in der prallen Sonne,
dachte er, und die Schweine von Dauerkartenbesit-
zern drängeln sich vor, was jetzt aber ungerecht gedacht ist, denn die Dauerkartenbesitzer drängeln sich
nicht vor, sie müssen bloß nicht an der Kasse stehen,
was nur logisch und gerecht ist, dachte Herr Lehmann,
der denselben Gedanken schon damals, bei seinem
ersten (und letzten und einzigen) Besuch im Prinzenbad, gedacht hatte, wie ihm jetzt einfiel, ein Besuch,

der nicht seine eigene Idee gewesen war, sondern auf eine damalige Freundin zurückging, die der Meinung gewesen war, er bräuchte ein bisschen Bewegung und Schwimmen sei überhaupt sehr gesund.

Vielleicht, dachte er, als er aus dem U-Bahnhof heraus in das gleißende Sonnenlicht trat, die Skalitzer Straße überquerte und sich die letzten 50 Meter zum Prinzenbad schleppte, vielleicht, dachte er, als er zur Kasse des Prinzenbads ging und »einmal« sagte und »keinesfalls« auf die Frage, ob er Student sei, und dafür eine Karte bekam, die ihm sofort wieder abgenommen wurde von einem Mann in weißen Shorts, Badelatschen und sonst nichts, vielleicht ist Schwimmen ja wirklich gesund, obwohl andererseits, dachte er, wieso soll gerade Schwimmen gesund sein, wenn man die Menschen hier so sieht, dachte er, als er das Schwimmbad betrat, dann machen die nicht gerade einen sehr gesunden Eindruck, dachte Herr Lehmann, und dann fiel ihm erst auf, daß es an der Kasse überhaupt keine Schlange gegeben hatte, aber er wußte in diesem Moment natürlich auch schon, warum das so war: Es konnte überhaupt niemand mehr draußen anstehen, weil alle schon drin waren.

Und wenn er »alle« dachte, dann meinte er in Gedanken auch alle. Es war ein unglaubliches Gewusel und ein phantastischer Lärm um ihn herum, und Herr Lehmann blieb einige Zeit verwirrt in der Nähe des Eingangs stehen, um sich überhaupt erst einmal zu orientieren. Er mochte es nicht, sich irgendwo bewegen zu müssen, wo er sich nicht auskannte, und das allgemeine Gewimmel verwirrte ihn sehr, ihm wurde sofort bewußt, daß er nicht richtig dazugehörte. Überall liefen Leute herum, halbnackte Menschen jeden Alters und Geschlechts stapften durch Fußwaschbecken oder duschten sich darin stehend und prustend kalt ab, Rentner schritten schlurfend vorbei, junge Türken hauten sich gegenseitig unter Geschrei und Gejohle mit nassen Handtüchern auf die Oberkörper, kleine Kinder trugen leere Flaschen in den Armen oder wickelten stolpernd Eis am Stiel aus dem Papier, und aus den Umkleidebereichen rechts und links von Herrn Lehmann quollen auch unaufhörlich Leute heraus und drängelten Leute hinein, weiter hinten war eine Art Kneipen- oder Imbiß- oder Kioskbereich oder, wie Herr Lehmann es für sich zusammenfaßte, die Gastro zu sehen, und da standen Unmengen von Menschen in mehreren Schlangen nach irgend etwas an oder saßen an Tischen und verzehrten bereits irgend etwas, Leute riefen einander etwas zu, Leute winkten, rannten, schlenderten, und vom Schwimmbeckenbereich, der etwas hinter Büschen und Hecken verschwand, drangen Plansch- und Schreigeräusche und eine für ihn unverständliche Lautsprecherdurchsage zu ihm durch, und dahinter, in der Ferne, das wußte Herr Lehmann, gab es noch unendliche Liegewiesen, und überall waren Leute, und über allem lag ein leichter Chlorgeruch mit einem Hauch von Pommes.

2001

Wenn in Berlin eine Kellnerin kommt und so sagt: »Und, mein Herr? Schmeckt's denn auch? Darf's noch was sein?«, dann ist das nur Vorspiel. Dann ist sie nicht nur schlecht gelaunt so wie jede Berliner Kellnerin. Dann ist sie so sauer, dass sie nicht mal mehr meckert. Dann hat sie nicht ein kleines Hühnchen zu rupfen, sondern eine ganze Straußenfarm. Nur noch wenige Augenblicke, und dann verzerrt sich ihr Gesicht, und sie fängt an zu brüllen: »Was glaubst du, wer du bist, du kleiner Pisser? Kommst hier rein, willst dies, willst jenes, glotzt dämlich Löcher in die Luft und scheuchst mich herum. Auf so jemanden wie dich habe ich gerade gewartet. Du hast mir noch gefehlt in meiner Raupensammlung. Mann! Verpiss dich bloß. Und wenn du nie, nie wiederkommst, ist mir das noch früh genug.«

Irgendwann ist die Tirade zu Ende, und man muss gehen, begleitet von den zustimmenden Blicken der anderen Gäste. Deswegen kann ich in München nie so locker sein wie in Berlin.

Jakob Hein: München

Aras Ören
Niyazi aus der Naunynstraße

Es schneit in Berlin.
Die Temperatur ist 3 Grad unter Null.
Die Naunynstraße ist zugefroren.
Ihre Häuser sind fertig zum Aufwachen.

Niyazi Gümüşciliç aus der Naunynstraße
geht mit schnellen Schritten,
wie Mitte September,
zum Blaufischfang in der Bucht von Bebek
geht er spät, mit schnellen Schritten,
den Kopf tief zwischen den Schultern,
zur Nachtschicht.

In die Fabrik an die weißglühenden Öfen geht er,
Aluminium schmelzen,
den Schrott im Ofen schmelzen.
Warm wird von seiner Arbeit denen,
die ihre Villen
im Südwesten der Stadt bewohnen.
So geht Niyazi Gümüşciliç mit schnellen Schritten.

Die Naunynstraße ist zugefroren.
Frau Kutzer kommt schwer in Schlaf
in der Naunynstraße,
sie muß ihre blaugefrorenen Füße reiben.

Ihr kennt alle Frau Kutzer
oder doch ihren Mann:
Er hat bei Borsig gearbeitet,
dort verschraubte er die Vorderachsen
der mächtigen Lokomotiven.
Und wenn er seinen Wochenlohn bekam und

– lange nach seiner Heirat, 1935 rum –
sich im Schrankspiegel selber besah
– schon lange hatte er aufgegeben,
seinen Kopf ohne Widerstand
dem System gebeugt –
kam er sich wie ein Riese vor
und ging mit seiner Frau ins Café Bauer
– nicht von sich aus ging er hin,
er ließ sich von ihr überreden –
Tee trinken aus silbernem Service.
Schon damals
wohnten sie in der Naunynstraße.

1973

Die junge türkische Frau gibt in dem Fotogeschäft ihre Bestellung auf und möchte jetzt auf das Plakat zu sprechen kommen, das an der Wand hängt. Agfa teilt, im Namen des Ladenbesitzers, mit, dass hier alle Filme – alle Filme aller Herkunftsfirmen – entwickelt und davon Abzüge hergestellt werden, ein Satz, den das Plakat in den europäischen Hauptsprachen aufführt.

Die junge Frau weist auf die türkische Fassung hin: Sie habe in einem Rechtsanwaltsbüro gearbeitet (kenne also diverse Fremdworte), aber dies Wort existiere beim besten Willen nicht im Türkischen!

Das Wort ist »develop«, also offenbar ein erfundenes Lehnwort aus dem Englischen. Die junge Frau lässt sich etwas zum Schreiben geben, für das richtige Wort. Es lautet »takramsek« oder so ähnlich.

Michael Rutschky: Dienstag, 9. Februar 1988

Kathrin Röggla
treffer

in der domenicusstraße fing es an. am amt für auslän-
derangelegenheiten ist doch tatsächlich der irre vom
dienst erschienen, so'n kleines männchen mit glatze
bis auf die graublonden wuschelhaare, die wegstan-
den vom hinterkopf. er behielt während der ganzen
wartezeit seine walkmankopfhörer schief aufgesetzt,
aus denen aber keinerlei musik zu vernehmen war,
und störte die beamten bei der arbeit, indem er immer
wieder in deren zimmer marschierte und dort lautstark
fragen stellte, die hier draußen den rest der wartenden
belustigten. meistens waren es fragen, die sich um den
rang der staatenlosigkeit drehten, den er zwar, wie er
immer wieder beteuerte, selbst nicht habe, von dem er
aber nichtsdestotrotz beschäftigt schien. plötzlich ver-
langte er einen »schreiber«, »unbedingt einen schreiber« brauchte er, woraufhin eine junge frauenstimme
meinte, daß das auf deutsch »stift« hieße, was wiederum den rest der wartenden belustigte, wohl wegen
des deutlichen akzents der frau. der irre aber schrieb
etwas auf einen zettel, ohne groß notiz von ihr zu nehmen, und als er schließlich vom beamten ins zimmer
gebeten, ja, extra abgeholt, und ebenso laut auf seinen
schwerbehindertenausweis angesprochen wurde, rief
er fröhlich: »hören kann ich, ja, hören kann ich.«

2000

Fatma Aydemir
Seidentücher

Elma kann als Einzige von uns in High Heels laufen,
ohne sich zum Affen zu machen. Gül hält sich bei jedem Schritt an der Wand fest. Ich fühle mich, als würde ich zum ersten Mal auf einem Surfbrett stehen. Wir
packen drei Paar flache Ballerinas in Güls Riesenhand-
tasche, für den Fall, dass wir es später auf unseren Nut-
tenschuhen nicht mehr aushalten. Im Treppenhaus-
licht merke ich plötzlich, wie leicht mein Kopf und
wie warm meine Backen sind. Ebru, Gül und Elma
singen »Happy Birthday«, und die alte Libanesin aus
dem ersten Stock streckt ihren Kopf aus der Tür, um
uns zu sagen, dass wir die Fresse halten sollen, weil ihr
Mann Krebs hat.

An der Ecke zur Müllerstraße nimmt mich Ebru in
den Arm und flüstert mir ins Ohr, ich soll auf Gül aufpassen. Wir machen ein Selfie zu viert, auf dem mein
Gesicht nur halb zu sehen ist. Ebru knöpft ihr Baum-
wolljäckchen zu, rückt ihr Kopftuch zurecht, und wir
schauen ihr hinterher, als sie mit verschränkten Armen nach Hause läuft. Elma, Gül und ich versuchen,
so schnell wie möglich zur U-Bahn zu kommen, bevor
uns jemand aus der Nachbarschaft in unserem Aufzug
trifft. Wir haben Glück, nur Bahar vom Gemüseladen
kommt uns entgegen. Sie macht ein verwundertes Gesicht und pfeift uns zu. »Macht nichts Unanständiges!«,
ruft sie uns auf Türkisch nach, und dann auf Deutsch:
»Viel Spaß!« Auf der Rolltreppe frage ich mich, ob ich
schon auf die Ballerinas umsteigen soll. Unten fährt
die U6 ein, mit wackeligen Schritten erwischen wir sie.

»Gib mal einen Schluck«, sagt Elma und greift nach
der Tonicflasche, in die wir den Rest Wodka umgefüllt
haben.

Jeder in der U-Bahn schaut in eine andere Richtung, keiner kennt keinen, außer uns und außer dem Pärchen, das nur schweigend Händchen hält, als hätte es gerade eine schwere Zeit hinter sich. Aus den Kopfhörern des schwarzen Typs im Vierer neben uns kommt so laut Techno, dass Gül mitnickt.

An der nächsten Haltestelle steigen drei Kanaken ein, etwa in unserem Alter. Der kleinste mit dem Undercut spielt den Clown der Gruppe. Er stupst seine Freunde an und zeigt in unsere Richtung. Sie fangen an, wie kleine Muschis zu tuscheln, es sieht danach aus, als würden sie über Gül lästern. Elma streckt ihnen die flache Hand entgegen und schüttelt genervt den Kopf. Gül dreht sich zu ihnen um und mustert sie eine Weile.

»Uh, der mit dem roten Hemd ist heiß«, sagt sie und zupft ihr Dekolleté zurecht.

»Bitte, Gül«, sage ich. »Der ist hässlich wie die Nacht.«

»Ich stehe auf große Nasen. Große Nase heißt großer ...« Sie blinzelt uns verliebt an.

Elma verzieht ihr Gesicht, als müsste sie gleich kotzen, und schaut sich in ihrem Handydisplay an. Sie fährt sich mit den Fingerspitzen über die trockenen Aknehügel, die selbst unter den fünf Schichten Make-up noch zu erkennen sind.

»Oh Gott, die sprechen ja arabisch. Und die wissen nicht, wie man Kottbusser Tor ausspricht!«, flüstert Gül und reißt ihre Augen ängstlich auf. »Das sind Fluchtis!«

»Na und?«, fragt Elma. »Eben fandest du die noch heiß.«

»Eben dachte ich auch noch, dass das Türken sind. Fluchtis sind voll pervers! Weißt du nicht, Köln und so?«

»Halt's Maul, Gül. Du laberst echt Scheiße. Köln war voll erfunden von der Bild-Zeitung«, sagt Elma wütend, weil ihre Mutter auch als Flüchtling nach Deutschland kam.

»Ja, ja, wenn du meinst.« Gül schaut misstrauisch zu den Typen hinter sich. »Aber ich habe heute eh keine Lust auf Terroristen! Heute will ich was Blondes. Da gibt es doch sicher einen Haufen Touris in dem Club?«

»Bestimmt«, sage ich.

»So ein Engländer vielleicht.«

»Engländer?«, fragt Elma. »Wie kommst du auf den Scheiß?«

»Die sind groß und meistens voll gut gebaut. Und ich will mein Englisch aufbessern.«

Elma und ich grinsen uns an.

»Was ist denn so witzig, ihr Fotzen?«, fragt Gül.

Wir steigen an der Friedrichstraße aus und laufen durch den Pissegeruch hoch zum S-Bahnsteig. Mehrere Gruppen stehen mit Bierflaschen herum und unterhalten sich laut über Merkel und Mietpreise. Links von uns sprechen drei Typen und ein Mädchen eine Sprache, die sich wie Spanisch anhört oder Italienisch. Das Mädchen trägt ein buntes Hippiekleid und hat einen viel zu kurzen Pony. Sie flirtet in alle Richtungen, es ist nicht klar, auf wen sie steht. Sie könnte jeden der Typen haben. Vielleicht steht sie aber einfach nur auf sich selbst.

In der S-Bahn erzählen wir einander bescheuerte Geschichten aus der Schulzeit. Wie Gül aus dem Unterricht geflogen ist, weil sie in Mathe zu Herrn Lenz gesagt hat, er soll ihr nicht auf die Titten starren. Oder wie Elma angeblich dabei gesehen wurde, wie sie Drogen im Blumenkübel versteckt hatte, und der Rektor unseren Hausmeister alle Kübel ausschütten und die ganze Erde durchsuchen ließ. Er fand natürlich nichts, aber seine Arme sahen danach aus wie angeschissen. Oder wie ich nach meinem ersten Selbstmordversuch mit kurz geschorenen Haaren und hässlichen Seidentüchern um meine Handgelenke zum Sportunterricht kam und unsere lesbische Sportlehrerin, die Eso-Mayer, meinte: »Das ist ja ein toller Look, Hazal!« Ich kriege fast Atemnot, als Gül das gutmütige Gesicht der Eso-Mayer imitiert. »Ich liiiiiebe Seidentücher!«

2017

Jan Wagner
neukölln I

dampfender maschinenraum der erde,
vorm offenen fenster der regen: die tropfen selber

kunstvoll winzige fenster, viel zu viele,
um jedes zu öffnen und hineinzusehen.

ein firmament von glücksspielautomaten,
die kleine nachtmusik der ambulanzen:

im schatten warten die geranien, morgen
das fenster dick und rot zu unterstreichen.

2004

An manchen Tagen is in Berlin allet blau,
bloß nich der Landwehrkanal.
Kurt Mühlenhaupt: Berliner Blau

Beste Lage

Annett Gröschner
Im Bötzowviertel

Vor zwei Wochen traf ich meine frühere Nachbarin auf der Straße. Frau K. ist vor 85 Jahren im Bötzowviertel im Prenzlauer Berg geboren und hat sich seitdem keinen Zentimeter weit wegbewegt. Vor sieben Jahren wollte eine Sanierungsstelle sie in ein anderes Viertel umsetzen, aber Frau K. beharrte darauf, dass nichts sie in das Proletarierviertel jenseits der Greifswalder bringen würde. Ich habe damals nachsichtig gelächelt, weil ich der Meinung war, ob nun Kollwitzplatz oder Arnswalder Platz, es sähe sowieso alles gleich aus, aber irgendwie hat Frau K. Recht gehabt mit ihrer Behauptung, dass das hier nun mal das bürgerlichste Viertel vom Prenzlauer Berg sei, und darauf lege sie Wert.

Seit einiger Zeit wird das Bötzowviertel von Leuten überrannt, die Eigentumswohnungen aus der Portokasse der Eltern bezahlen oder die Mietpreise verderben, indem sie jede Summe zahlen, nur um hier wohnen zu können. Das Bötzowviertel ist so innerhalb von wenigen Jahren das ausgeprägteste Ghetto der Berliner Innenstadt geworden, selbst in Lichtenberg ist die Zusammensetzung der Bevölkerung aufregender.

Jede Omi, die noch hier wohnt, müsste eigentlich unter Denkmalschutz gestellt werden, Frau K. sowieso. Sie ist wahrscheinlich am längsten von allen hier.

Eigentlich heißt diese Art von Verdrängung Gentrifizierung, die Aufwertung des Wohnumfelds durch Komplettsanierung, die immer mit der Veränderung der Bevölkerungszusammensetzung einhergeht. Etwas parteiischer meint das schlicht und einfach, die Armen werden verdrängt. Seit dem Sommer läuft man leider Gefahr, bei Benutzung des Begriffs vom BKA als Terrorist verhaftet zu werden. Ein Stadtsoziologe aus unserer Gegend musste das mit mehreren Wochen Moabit (Gefängnis) bezahlen, und der Vorwurf, der Kopf einer terroristischen Vereinigung zu sein, schwebt nach wie vor wie ein Damoklesschwert über ihm. Die Beamten hatten das Wort gegoogelt und waren auf ihn gekommen.

Der Stamm des Wortes Gentrifizierung leitet sich von englisch *gentry*, niederer Adel, ab, und genauso benehmen sich die Leute auch. Letzte Woche wurde im Viertel ein Geschäft eröffnet, das Bionahrung für Hunde anbietet. Angeblich gibt es Bedarf dafür. Der niedere Adel zeichnete sich schon immer durch eine größere Dekadenz aus als der höhere.

Viel anstrengender als ihre Ökohunde sind aber immer noch sie selbst. Die Neuen haben nämlich ein inzwischen auch staatlich sanktioniertes Projekt, gefördert vom Bundesfamilienministerium, auf dass der niedere Adel wieder Kinder kriegt und nicht nur Migranteneltern in Kreuzberg. Wenn's denn in dem fortgeschrittenen Alter noch geklappt hat, bilden sie mit ihren Kinderwagen, die teurer waren als ein gebrauchter Kleinwagen, Klumpen auf dem Gehsteig, die man zu Haufendörfern formen könnte. Es sind Frauen und Männer um die vierzig, die mit Babystimmen sprechen und so tun, als hätten sie den Heiland persönlich auf die Welt gebracht.

Nebenbei gesagt, in den Achtzigerjahren hat es hier viel mehr Kinder gegeben, aber damals war die Kinderaufzucht noch das Normalste von der Welt, und die Blagen gingen nicht zu Baby-Yoga-, Baby-Englisch- oder Baby-Mandarin-Kursen.

Während Frau K. und ich Bötzow, Ecke Hufeland stehen, muss ich sie davor bewahren, unter diverse Kinderwagenräder zu kommen. »Es hat ja auch was Gutes, wenn man nicht mehr richtig sehen kann, sieht man seine Runzeln im Spiegel nicht.« So redet Frau K., und ich wünsche ihr noch ein sehr langes Leben. So lange, bis die Gentrys alle wieder weg sind. Neulich hing neben einer Anzeige für 50 Quadratmeter

Dachgeschosswohnung für 800 Euro Miete im Monat ein schmuckloser Zettel: »Ehering gefunden«. Das lässt hoffen. Sollen sie doch alle ihre Eheringe von den Dachterrassen werfen, Hauptsache, sie lassen die Blumentöpfe heil.

Die einzige Möglichkeit, diesem zusammengeklumpten Gebärwahnsinn aus dem Wege zu gehen, ist, seinen Tagesablauf komplett umzustellen. Morgens um 9 und nachmittags von 15 bis 18 Uhr sind die Straßen des Viertels zu meiden. Also sitze ich nachts mit den letzten Mohikanern des Viertels in dem einzigen Etablissement, das noch nicht von Baby- und Caffè-Latte-Wahn verseucht ist, auf den schönen Namen *Babel* hört, und wir trinken und rauchen bis zum Morgengrauen, wenn in den Dachgeschossen die kleinen Könige zu krähen anfangen.

2007

Frische Miesmuscheln
in Gemüsesud gedampft
auf tomatisierten Linguine
Fünfzehn Euro fünfzig
nehmick
und 'n Korn
»Meista, wat kost der Korn?!«

Ahne: Die Eckkneipe hat dicht gemacht, aber im »Darüber als sowohl im August oder am Meer« brennt noch Licht

Jan Peter Bremer
Der amerikanische Investor

Vor gut zwei Monaten hatte die neue Hausverwaltung einen Statiker in ihre Wohnung kommen lassen, der die Absenkung des Küchen- und Badezimmerbodens bestätigte. Wäre die Wohnung ebenerdig, hätte sie diese Absenkung, die sie zuvor in einem förmlichen Brief bemängelt hatten, nur wenig befremdet. Sie aber lebten, mit zwei Kindern, in der obersten Etage eines vierstöckigen Mietshauses.

Die meisten Räume ihrer großzügigen Altbauwohnung befanden sich im Vorderhaus. Nur Küche und Bad sowie ein kleineres Zimmer lagen im Seitenflügel. Von diesem Seitenflügel führte ein Aufgang in den Hof hinab, den sie aber nur benutzten, wenn sie im Winter die Kohlen aus dem Keller hinaufbrachten oder, was seltener vorkam, schwere Einkäufe direkt in die Küche transportierten.

Ursprünglich waren alle Wohnungen des Vorderhauses mit diesem Seitenflügel verbunden gewesen. Irgendwann jedoch, vermutlich nach dem Krieg, waren in den anderen Wohnungen die einzelnen Teile separiert worden, so dass sie jetzt die einzigen Mieter im Vorderhaus waren, die zusätzlich noch den Seitenflügel bewohnten.

Schon als sie vor fünf Jahren in das Haus eingezogen waren, hatte die kleine Wohnung, die unter ihrem Seitenflügel lag, leer gestanden. Die alte Hausverwaltung hatte auch nie eine Anstrengung unternommen, diese Wohnung wieder zu vermieten. Vor etwa zehn Monaten aber hatte ihr Haus den Eigentümer gewechselt. Aus einer »Mitteilung an die Mieter«, die sie in ihrem Briefkasten vorfanden, hatten sie erfahren, dass ein amerikanischer Investor den gesamten Gebäudekomplex aufgekauft hatte. Zu diesem Gebäudekomplex zählten, außer dem Haus, in dem sie wohnten, noch zwei angrenzende Vorderhäuser und eine vielfache Anzahl von Hof- und Gewerbegebäuden. Bald darauf wurde eine neue Hausverwaltung eingesetzt, und seitdem wuselten im ganzen Areal Handwerker herum. Auch aus der kleinen, unter ihrem Seitenflügel gelegenen Wohnung drang eines Morgens ein energisches Hämmern in ihre Küche. Ein alter Teppich und ein verkrusteter Herd wurden hinuntergebracht und dafür neue Türen und Fenster hinauf. Doch ebenso plötzlich, wie die Arbeiten begonnen hatten, hatten sie auch wieder geendet, und als er ein paar Tage später zu der Wohnung hinabstieg, da erstaunte ihn nicht allein, dass sie sperrangelweit offen stand und dort, wo vorher Wände den Raum teilten, jetzt rostige Rohre im nur noch vereinzelten Mauerwerk freistanden, sondern auch, dass die Böden aufgestemmt waren und von der Decke das Stroh bis in die Mitte der Räume herabhing. Was ihn jedoch am meisten erstaunte, war, dass inmitten dieses Chaos wie achtlos fallen gelassen und bereits völlig verstaubt die neuen Türen und Fenster herumlagen. Noch am gleichen Tag trat er an einen der Handwerker heran, der jetzt mit etwas anderem im Hof beschäftigt war, und fragte ihn, wann und wie die Arbeiten in der Wohnung fortgesetzt würden. Der Handwerker sah ihn für einen Moment verständnislos an. Dann sagte er, dass er diese Wohnung, solange ihm sein Genick lieb sei, nicht wieder betreten werde. So verrottet seien die Balken, fuhr er fort und bog seine Finger zur Kralle, mit den bloßen Händen könnte man sie ausgraben. Es sei ein regelrechtes Wunder, dass er sich morgens noch als gesunden Menschen im Spiegel betrachten dürfe.

Kurze Zeit später taten sich dann die ersten Risse in den Wänden ihrer Küche auf, sank die Badewanne zu einer Seite hinab, konnte man ein Spielzeugauto, ohne seinem Antrieb nachzuhelfen, über den Boden von einer Wand zur anderen rollen lassen. Wie plötzlich betrunken schien das Gebäude seinen Halt verloren zu haben.

Dass von der Absenkung der Böden tatsächlich eine gewisse Gefahr ausgehe, bestätigte der Statiker aber nicht nur ihnen, sondern auch dem Bauleiter, der bei dem Besuch in ihrer Wohnung ebenfalls zugegen war und dem Statiker wiederum versicherte, keine der Wände, die sie aus der unteren Wohnung geschlagen hätten, sei eine tragende gewesen. Das sei doch ganz egal, hatte der Statiker ihm entschieden geantwortet. In einem so alten und seit Jahrzehnten nicht mehr gewarteten Gemäuer, fuhr er in etwa fort, gibt es keine tragenden und nicht tragenden Wände, sondern es stützt sich irgendwann alles auf jedes. Dann müsse er jetzt wohl mit der Hausverwaltung sprechen, hatte der Bauleiter darauf gesagt, und mit einem kräftigen Händedruck verabschiedeten sich die Herren.

2011

Zwei Jungen, S-Bahnhof Ostkreuz:
»Was würdest du machen, der Zug fährt jetzt ein, deine Mutter sitzt drin und der Wagen explodiert?«
»Würde versuchen, sie zu retten.«
»Ick würde heulen.«

Lutz Rathenow

Thomas Melle
Raumforderung

Die fünfte Wohnung des Tages war geräumig, son-
nendurchflutet und makellos geschnitten. Die Paare
tuschelten, nickten und staunten. Einige umgarnten
bereits den Makler. Auch Jana wollte Paar sein, wollte
tuscheln und nicken und umgarnen, Max aber brachte
kein Wort heraus, er nickte nur. Er nickte ohne Unter-
laß und balancierte die Dielen entlang, während seine begeisterte Freundin ihn tuschelnd verfolgte. Ihm
schwindelte. Etwas an der Weise, wie die Wände im
Boden befestigt oder *verkantet* waren, kam ihm falsch
vor, verzogen, unstimmig. Die Perspektiven veränder-
ten sich je nach Standort. In seinem Hinterkopf häm-
merten Janas Pfennigabsätze kleine Vertiefungen ins
Parkett, und der intensive Geruch von Bodenshampoo
ätzte ihm in die Nase. Die Wände sind doch *schräg*, sagte er und wurde vom Makler, obwohl dieser etwa fünf
Meter entfernt stand, sofort als Unruhestifter erkannt.
Die Wände sind nicht schräg, das kann ich Ihnen ver-
sichern, rief der Makler quer durch den Raum. Ich hab
doch keinen Knick in der Optik, erwiderte Max. Er ist
schließlich Optiker, sagte Jana süffisant, und die Gruppe und der Makler lachten.

Und wenn du eher mich reden lassen könntest das
nächste Mal, sagte Max, das wäre vielleicht vorteilhaft.
Wieso das denn? fragte Jana. Nimm das jetzt nicht
persönlich, sagte Max mit glühendem Ohr, aber unter
Westlern gilt berlinern, also der Berliner Dialekt, das
gilt als, das wirkt so – du weißt schon. Nicht daß *ich*
so denke, aber *die* denken so. Das ist ja das Perverse.
Verstehst du? Wie bescheuert, so was zu sagen, sagte Jana. Ich sag ja nur, sagte Max, ich hab nicht jeden

Samstag Zeit, hier durch die Stadt zu gurken für nichts. Man muß halt seine Chancen nutzen. Und dazu, sagte Max und bremste stark, weil sein Vordermann stark gebremst hatte, dazu muß man sich halt gut verkaufen.

Die Häuserreihen wurden zum Pinselstrich im Seitenfenster. Grautöne sausten vorbei, Fenster wie müde Augen, Balkonserien, Lichtschlieren, zusammengeflickte Fronten und klobige Blöcke. Dann wieder Platten- und Prachtbauten, Botschaften, plangeteerte Straßen, geschichtswindschiefe Boulevards. Sie fuhren nach »Wilmersdorf«, nach »Charlottenburg«, nach »Prenzlauer Berg«, nach »Mitte«: Legoland und Puzzleteppich. Baustellen wurden vom Erdboden verschluckt und woanders wieder ausgespuckt. Fassaden blätterten im Fahrtwind wie Croissants. Ampeln flirrten. Annoncen zerfielen zwischen den Fingern. Der Fernsehturm war die einzige Konstante.

Die letzte Wohnung des Tages schien äußerst gefragt zu sein. Eine schwere, süßliche Wolke aus unterschiedlichsten Parfüms vernebelte schon im Treppenhaus jeden Gedanken. Oben angekommen, wurden die zahlreichen Interessenten von einem alerten Makler-Team begrüßt, das ihnen vor der Begehung je ein Infoblatt und ein Paar grauer Filzpantoffeln in Übergröße reichte. Als Max dies sah, warf er Jana (und es kann sein, daß dieser Moment sein Leben rettete) einen halb erleichterten, halb triumphierenden Blick zu, der ein »Siehst du?« beinhaltete, aber auch ein »Ha!« und schließlich ein »Hab ich's doch gesagt«. Jana zwinkerte und zog ihre Stöckelschuhe aus.

Die Atmosphäre in der Wohnung war gedämpft, ausgesucht, fast edel. In den grauen Filzpantoffeln wirkten die Interessenten wie zahlende Gäste eines herrschaftlichen Châteaus, deren einzige Funktion darin bestand, den ohnehin glänzenden Boden durch lautlose Gleitbewegungen noch glatter zu polieren. Es war nicht mehr sicher, wer hier Angebot darstellte, wer Nachfrage. Die Besucher wurden in drei Gruppen aufgeteilt und wie Touristen durch die fünf Zimmer geführt. Die Informationen kamen häppchenweise und in Rhythmen, nicht zuviel, nicht zuwenig. Die Besichtigung war exakt geplant und perfekt abgestimmt. Selbst die Makler sahen bedrückend gut aus. Es roch nach Kaffee. Fast wollte man Fahrstuhlmusik vermissen.

Max verkrampfte; Jana hyperventilierte. Beide merkten, unabhängig voneinander: Dies war sie. Groß, luftig, licht. Dies war *die Wohnung*. Wie im Traum folgten sie der blonden Maklerin, schwerelos gleitend und mit weichen Knien. Die Stöckelschuhe in Janas Hand klackten nervös aneinander. Sie wollte eine zaghafte Frage stellen, aber Max bedeutete ihr (mit einem kurzen Druck aufs Handgelenk) zu schweigen. Weiter ging es ins Badezimmer, einem »wahren Hort der Wellness«, wie jemand raunte: Die Kacheln waren in spektrale Muster geordnet, die Wasserhähne funkelten werbetauglich. Jana und Max blieben neben dem WC stehen, einem »Flachspüler«, und versuchten, die Rede der Maklerin zu verstehen. Die Wand gab plätschernde Geräusche von sich. Überhaupt, es war zu voll hier, die aneinanderschabenden Kleiderstoffe der Konkurrenten schluckten wichtige Silben. Sie waren an den Rand gedrängt. Nach einem mißlungenen Versuch, nach vorne Richtung Maklerin zu drängeln, lehnte Max sich lässig an die Kachelwand und grinste. Dann drückte er die Klospülung. Leute drehten sich um. Die Klospülung ging. Und stoppte schließlich. Pause. Er hob den Klodeckel an und schüttelte den Kopf. Ich hätte aber lieber ein Klo, wo die Scheiße *direkt* ins Wasser fällt, sagte er und drückte die Spülung erneut.

2007

Helmut Krausser
Abgeschnitten

Ekkehard Nölten war regelmäßig Kunde in der Lebensmittelabteilung des Karstadt am Hermannplatz
gewesen, obwohl er sich das in Anbetracht seines
Frührentnereinkommens rein rechnerisch nicht leisten konnte. Jedoch, die Lebensmittelabteilung des
Karstadt am Hermannplatz, Neukölln, war hier und
da wohltuend anders gewesen als andere, im Preisniveau ähnlich gelagerte Lebensmittelabteilungen. An
der Wursttheke gab es abgepackte Wurstabschnitte,
die gerade mal ein Fünftel dessen kosteten, was dieselbe Menge an regulär aufgeschnittener Wurst gekostet hätte. An der Fischtheke war es genauso, fast
noch besser: Für einen mehr als fairen Preis konnte
man hier Lachs, Zander, Steinbutt und andere Fischdelikatessen mitnehmen und sich zu Hause davon eine
leckere Fischsuppe kochen. Das allerschönste aber war
die Kalbsleber. Ekki liebte Kalbsleber. Die hier unverschämt teuer war. Nahm man sich hingegen drei Portionen von aussortierten Leberabschnitten, schmiß
die flachsendurchwachsene Rinds- und Schweineleber
weg und behielt allein die zarten Kalbsleberstücke,
so konnte man schnell mal dreihundert Gramm für
einen Bruchteil des regulären Preises mit nach Hause nehmen. Ein sehr menschlicher Zug am Karstadt
Neukölln. War das gewesen. Jetzt sah die Sache anders
aus. Man hatte im Winter die Lebensmittelabteilung
binnen zweier Monate komplett umstrukturiert, ohne
Not, Sinn und Zweck. Die Umbauarbeiten mußten
viel gekostet haben. Aber wozu? Es sah vielleicht ein
klein wenig schnieker und transparenter aus als vorher,
die Wurst-Käse-Abteilung war vom Rand in die Mitte gerückt, war nun komplett zu umwandern – wem

bitte sollte damit gedient sein? Und es gab keine Abschnitte mehr. Weder Wurst- noch Fisch- noch Leber-.

Will Karstadt, fragte sich Ekkehard Nölten, damit ein Zeichen setzen? Und welches? Schmiß man die Abschnitte nun etwa weg, einfach weg? Wollte man die Geringverdiener nicht mehr billig davonkommen lassen?

Es war seit jeher ein Signum Neuköllns gewesen, daß man sich hier auch mit kleinem Geldbeutel gut ernähren konnte, zum Beispiel, wenn man auf dem Türkenmarkt am Maybachufer kurz vor sechs Uhr abends Obst kaufte. Da bekam man schon mal drei Kilo Erdbeeren für zwei Euro nachgeschmissen oder fünf Mangos für einen. Undsoweiter. Ekki aber stand nicht so auf Obst. Er wollte weiterhin Kalbsleberspaghetti essen, mit Schinkenwürfeln, Sahne, Zwiebeln, Majoran und einem Schuß Sherry. Sein Leibgericht. Kalbsleber für 25 Euro das Kilo hingegen degradierte ihn zu einem Menschen dritter Klasse. Der er im öffentlichen Ansehen vielleicht war. Nein, sogar ganz sicher war. Dahingehend pflegte er keine Illusionen. Ob es je wieder Wurstabschnitte geben würde, wagte er an der Wursttheke nicht zu fragen, um sich nicht freiwillig als drittklassig zu brandmarken. Er stand da und trauerte still. Nicht in erster Linie, weil wieder eine geliebte Nische der Konsumlandschaft verschwunden war. Seine Trauer (seine Scham) galt auch der Einsicht, welch überproportional große Rolle das Essen in seinem leergelaufenen Exlateinlehrerleben inzwischen spielte. Auch wenn er immer wieder daran dachte, daß Seneca, jener stets Verzicht und Gelassenheit predigende Stoiker, einst der reichste Mann Roms gewesen war, mit einem auf heutige Verhältnisse umgerechneten Vermögen von gut zwei Milliarden Euro. An Ekkis Situation änderte das nichts. Nein, nichts.

2009

Passagen, Grenzverkehr

Peter Schneider
Der Mauerspringer

Herr Kabe, Mitte vierzig, arbeitslos, Sozialhilfeempfänger, fiel zum erstenmal polizeilich auf, als er, von Westen Anlauf nehmend, die Mauer mitten in Berlin in östlicher Richtung übersprang. Dicht an der Mauer hatte er ein Gelände entdeckt, auf dem Trümmerreste eine natürliche Treppe bildeten, die er so weit hinansteigen konnte, daß er sich nur noch mit den Armen hochzustemmen brauchte, um sich auf die Mauer zu schwingen. Andere Berichte wissen von einem VW-Transporter, dessen Dach Kabe als Sprungbrett benutzt haben soll. Wahrscheinlicher ist, daß er auf diesen Einfall erst später kam, als die Behörden seinetwegen Aufräumungsarbeiten veranlaßten.

Oben stand Kabe eine Weile im Scheinwerferlicht der herbeigeeilten Weststreife, ignorierte die Zurufe der Beamten, die ihm in letzter Minute klarzumachen versuchten, wo Osten und wo Westen sei, und sprang dann in östlicher Richtung ab. Die Grenzer des anderen deutschen Staates nahmen Kabe als Grenzverletzer fest. Aber auch in stundenlangen Verhören ließ Kabe weder politische Absichten noch einen ernsthaften Willen zum Dableiben erkennen. Gefragt, wer ihn geschickt habe, antwortete Kabe, er komme im eigenen Auftrag und habe nur auf die andere Seite gewollt. Im übrigen ermüdete er seine Vernehmer, die von ihm wissen wollten, warum er nicht einen Grenzübergang benutzt habe, mit der wiederholten Erklärung, er wohne genau gegenüber, und der Weg über die Mauer sei der einzig gerade.

Seine Vernehmer wußten keine bessere Erklärung für diese merkwürdige Verkehrung der Sprungrichtung, als daß bei Kabe mehrere Schrauben locker säßen. Sie brachten ihn in die psychiatrische Klinik Buch. Aber auch dort konnten die Ärzte an Kabe nichts außer einem krankhaften Bedürfnis zur Überwindung der Mauer entdecken. In der Klinik genoß Kabe die Sonderstellung eines Sperrbrechers, der mit seinem Sprung die Himmelsrichtungen neu benannt hatte.

Nach drei Monaten wurde Kabe wohlgenährt der Ständigen Vertretung der Bundesrepublik Deutschland übergeben. Sie brachte ihn im Dienstmercedes nach Westberlin zurück. Dort las er, ohne eine Gemütsbewegung zu zeigen, die Zeitungsartikel, die ein Nachbar gesammelt hatte, und schloß sich in seiner Kreuzberger Wohnung ein.

Die Einschätzung in den östlichen Blättern schwankte zwischen »Grenzprovokateur« und »verzweifelter Arbeitsloser«; ein westliches Bildblatt spekulierte, daß Kabe von östlichen Geheimdiensten für seinen Sprung bezahlt worden sei, um endlich einmal im Osten einen Flüchtling vorweisen zu können, den man nicht nur von hinten sehe. Diese Vermutung erhielt neue Nahrung durch den Bericht eines Journalisten, der den in Kreuzberg unerreichbaren Kabe in Paris ausfindig gemacht haben wollte. Unmittelbar nach seiner Rückkehr habe sich Kabe in die französische Metropole abgesetzt und in einem einschlägigen Stadtviertel Rechnungen quittiert, die mit einer Sozialrente kaum zu bestreiten seien.

Wahr an dieser Geschichte war so viel, daß Kabe, nachdem er drei Monate in der psychiatrischen Klinik im Osten umsonst verpflegt worden war, auf seinem Konto in Westberlin drei Monatszahlungen seiner Sozialrente vorfand. Diesen Betrag hob er ab, um sich einen alten Wunsch zu erfüllen, und löste eine Schlafwagenfahrkarte nach Paris. Sicher ist auch, daß Kabe, nachdem er sich auf Kosten beider deutscher Staaten in Paris erholt hatte, nach Westberlin zurückkehrte und sofort wieder sprang.

Nach wiederum drei Monaten zurückgebracht, erwies sich Kabe als Rückfalltäter. Die Versuche westberliner Behörden, Kabe juristisch beizukommen, schlugen fehl. Denn Kabe hatte ja eine Staatsgrenze illegal überwunden, die nach Auffassung der westdeutschen Regierung gar nicht existiert. Folgte man dem Sprachgebrauch der Verfassungsrechtler, so hatte Kabe lediglich von seinem Recht auf Freizügigkeit Gebrauch gemacht.

Mit dieser Auskunft mochten sich die westberliner Behörden nicht mehr begnügen, als die Ostberliner Klinik Rechnungen über Kabes Aufenthalte vorlegte. Die Westberliner verfielen auf den Ausweg, Kabe wegen Selbstgefährdung in das Krankenhaus Havelhöhe zwangseinzuweisen. Aber auch dieser Einfall hielt näherer Betrachtung nicht stand. Denn Kabe hatte durch seine Sprünge hinlänglich bewiesen, daß ein Überqueren der Mauer in östlicher Richtung möglich war, ohne Schaden an Leib und Seele zu nehmen; nebenbei drang durch seine Sprünge ins Bewußtsein, daß der Grenzstreifen hinter der Mauer im Stadtgebiet nicht vermint ist. Der zuständige Arzt fand an Kabe nichts weiter auszusetzen als den zügellosen Trieb, die Mauer zu überwinden. Statt der Zwangsjacke empfahl er, die Mauer als Grenze kenntlich zu machen. Der Einwand, die Bundesrepublik Deutschland könne nicht einem Kabe zuliebe die Schandmauer als Staatsgrenze anerkennen, hielt den Arzt nicht davon ab, Kabe für zurechnungsfähig zu erklären.

Kabe wurde aus der Klinik entlassen und nahm den geraden Weg. Insgesamt sprang er fünfzehnmal. Er wurde zu einer ernsten Belastung für die deutsch-deutschen Beziehungen. Nach einem seiner letzten Sprünge kamen die Behörden darauf, Kabe fortzubringen, möglichst weit weg von Berlin in stillere Gegenden, wo er seine Sprünge an alten Burgmauern fortsetzten mochte. Im Dienstmercedes wurde er zu Verwandten nach Süddeutschland gebracht, benahm sich dort zwei Tage lang ganz vernünftig, löste am dritten Tag eine Fahrkarte nach Berlin und sprang.

Über die Motive seiner Sprünge befragt, war aus Kabe nichts weiter herauszubekommen als dies: »Wenn es so still in der Wohnung ist und draußen so grau und so neblig und gar nichts ist los, da denke ich: Ach springste wieder mal über die Mauer.«

1982

Seit ich, die Topographie des Ostteils im Gedächtnis, durch den Westteil Berlins laufe, weiß ich, diese Stadt ist tatsächlich eine; die auf beiden Seiten übriggebliebenen Häuser ähneln einander ebenso wie die nach dem Krieg hinzugekommenen. Berlin, Ost und West, erinnert mich an ein Verlegenheitsgeschenk, eine Schachtel Kaufhauskonfekt, die dann wochenlang unbeachtet herumsteht, weil ihr Inhalt nicht besonders schmackhaft (hier würden sie sagen »lecker«) ist. In den Mulden des Plastikreliefs hocken, graubeschlagen oder angeknabbert und freudlos zurückgelegt, rechts die nackten Pralinees und links die golden eingewickelten, die, aus der Folie geschält, den anderen gleichen – haargenau, könnte man sagen, wenn Pralinen Haare hätten.

Katja Lange-Müller: Böse Schafe

Christoph Hein
Nachtfahrt

Max rief mich am Freitag an. Er sollte nach der Arbeit einen Lehrer, einen Bekannten seines Vaters, nach L. fahren und ihn noch in der Nacht nach Berlin zurückbringen. Er fragte mich, ob ich mitkommen würde, und ich sagte zu.

Als ich am Nachmittag bei ihm erschien, hatte er das Auto bereits aus der Garage gefahren. Auf dem Bürgersteig stand sein Vater und sprach mit einem ungewöhnlich dünnen Mann mit vergrämtem Gesicht. Der Mann schien nur wenige Jahre älter als Max zu sein und wirkte wirklich entsetzlich dürr. Er stieg in den Wagen ein und setzte sich umständlich auf die Kante des Rücksitzes.

Als wir die Autobahn erreichten, lehnte sich Max zurück. Wir unterhielten uns leise, der Lehrer hinter uns starrte nervös aus dem Fenster. Später sangen wir Lieder, Kirchenchoräle und Schlager.

In der ersten Dämmerung verließen wir die Autobahn. Kurz vor L. fragte uns der Lehrer, ob wir über alles unterrichtet seien. Ich sagte, daß ich nichts wüßte, und Max sagte, es interessiere uns nicht, er würde ihn mit der Familie nach Berlin bringen und wolle nichts weiter hören.

Ich war verwirrt und irgendwie beunruhigt und sah Max an, aber der starrte nur geradeaus und reagierte nicht.

Dann sagte der Lehrer: »Ich denke, ich sollte es Ihnen erzählen. Ich halte es für anständiger. Ich werde heute nacht in Berlin über die Grenze gehen. Mit meiner Frau und meiner Tochter.«

Überrascht drehte ich mich nach ihm um: »Wie denn? Wie wollen Sie denn rüber?«

»Durch die Kanalisation. Wir sind insgesamt elf Leute. Ein Mann vom Wasserwerk führt uns. Ich hab mich heute mittag mit ihm verabredet.« Der Mann sprach in einem singenden, wehleidigen Ton. Ich sah zu Max und wußte im selben Moment, daß er informiert war und es mir vorhin nur nicht sagen wollte. Ich war enttäuscht. Es tat mir weh, daß er mich belog. Ich wollte sein Vertrauen haben, um ihm beweisen zu können, daß ich sein Freund sei, auch wenn ich erst sechzehn war und er acht Jahre älter.

Der Lehrer redete weiter: »Meine Frau und meine Tochter gehen mit. Unser Führer kennt die Kanalisation wie seine Westentasche. Er hat schon viele Leute rübergebracht. Er ist bei den Wasserwerken, aber das sagte ich Ihnen schon. Wir sind elf Leute, aber ich kenne die anderen nicht.« Er sprach sehr leise und machte nach jedem Satz eine kleine Pause. »Das ist wichtig. Damit wir uns nicht gegenseitig gefährden, wissen Sie. Der Mann machte einen guten Eindruck auf mich. Ich glaube, man kann ihm vertrauen …«

»Sie sollten uns das nicht erzählen«, unterbrach ihn Max.

Der Lehrer blieb hartnäckig: »Ich denke, es ist fair, wenn Sie wissen, woran Sie mit mir sind.«

Max drehte sich während der Fahrt um: »Aber es interessiert uns nicht.«

Der Lehrer schwieg nun. Ich lehnte mich an die Tür und sah finster zu Max. Ich wollte nicht mit ihm reden, aber ich hoffte, er würde bemerken, daß ich wütend war. Er hat dich belogen, sagte ich mir, er traut dir nicht.

In L. wartete die Frau des Lehrers auf uns, eine junge blonde Frau, fast noch ein Mädchen. Sie lud uns zum Kaffee ein. Max lehnte ab, er sollte um Mitternacht wieder in Berlin sein, und falls wir unterwegs Schwierigkeiten mit dem Wagen hätten, könnte uns die Kaffeepause teuer zu stehen kommen. Im Flur standen die gepackten Koffer und zwei Rucksäcke. Als Max sie sah, lachte er.

»Es ist nur das Notwendigste«, sagte die Frau. Sie war rot geworden, als Max lachte und sie ansah.

»Dann müssen Sie sich einen Bus mieten.«

»Und wieviel können wir mitnehmen?«

»Drei Koffer, mehr paßt nicht rein.«

Die Frau blickte verzweifelt auf das Gepäck, auf Max, dann auf ihren Mann. Der Lehrer jammerte: »Ich habe dir gleich gesagt ...«

»Wir nehmen die Rucksäcke auf den Schoß«, entschied die Frau.

»Natürlich«, sagte Max bissig, »damit die Kontrolle gleich Bescheid weiß!« Er ging hinaus, ich folgte ihm. Der Lehrer brachte zwei Koffer und einen Rucksack, die wir im Kofferraum verstauten. Wir setzten uns ins Auto. Der Lehrer blieb nervös neben dem Wagen stehen und wartete, seine Hände waren ständig in Bewegung.

Dann erschien die Frau. Sie trug ihre vielleicht zweijährige Tochter auf dem Arm, der Lehrer nahm ihr das Kind ab und fragte sie etwas. Sie nickte, und beide drehten sich um und betrachteten einen Augenblick lang ihr Haus.

Als sie einstiegen, sagte die Frau zu Max: »Ich habe einen Kaffee für Sie gemacht.« Sie reichte ihm eine blecherne Thermosflasche, aber Max startete den Wagen und sagte nur unwillig: »War nicht nötig.«

»Vielleicht später«, sagte ich und nahm ihr die Flasche ab.

Solange wir durch L. fuhren, redete der Lehrer auf seine Frau ein. Ich konnte nichts verstehen. Später wollte der Lehrer von Max und mir wissen, wie wir die Chancen einschätzten, die Grenze durch die Kanalisation zu überschreiten. Max sagte ihm, daß wir beide dazu keine Meinung hätten. Der Lehrer, eingeschüchtert, bemühte sich, ein Gespräch zustande zu bringen. Er fragte nach unseren Berufen, nach der Situation in Berlin. Max antwortete einsilbig, und ich tat's ihm nach.

Als wir die Autobahn erreichten, war es stockfinster.

Das Kind wurde wach und begann zu weinen. Max forderte die Frau gereizt auf, das Kind zu beruhigen, er sei müde und nervös und müsse sich auf die Straße und die Autobahnmarkierungen konzentrieren. Die Frau des Lehrers flüsterte auf das Kind ein und schaukelte es auf ihrem Schoß.

Als Max sich eine Zigarette anbrannte, bat sie ihn, des Kindes wegen nicht zu rauchen. Max blickte fassungslos zu mir herüber, bevor er die Zigarette aus dem Fenster warf. Mir tat die Frau leid, und ich wollte Max fragen, warum er so gehässig sei. Ich tat's nicht. Ein paar hundert Meter weiter hielt Max den Wagen an der Böschung an. Der Lehrer schreckte hoch und fragte, ob etwas kaputt sei. Max schüttelte den Kopf, er wolle nur eine Zigarette rauchen. Wir stiegen aus und liefen hin und her. Es war kalt. Ich wärmte meine Finger an der Zigarettenglut. Dann trank ich Kaffee aus der Thermosflasche und gab sie Max, der sie widerwillig entgegennahm.

Im Auto reichte uns die Frau des Lehrers eine angebrochene Tafel Schokolade, die sich durch das Papier weich und warm anfühlte, klebrig. Wir gaben sie zurück und sagten, daß wir Schokolade nicht äßen.

Als wir den Berliner Stadtrand erreichten, machte ich den Lehrer auf die bevorstehende Ausweiskontrolle aufmerksam. Ich riet dem Ehepaar, sich schlafend zu stellen und scheinbar wecken zu lassen. Der Lehrer dankte mir mehrmals für den Rat. Wenige Minuten später bereute ich meinen Vorschlag, denn als uns der Grenzposten anhielt und unsere Papiere sehen wollte, spielte der Lehrer sein angebliches Erwachen so übertrieben, daß ich befürchtete, der Offizier würde Verdacht schöpfen. Der Lehrer gähnte unaufhörlich, rieb sich die Augen, tat, als finde er sich nicht zurecht, während der Grenzposten ihn unbeteiligt betrachtete. Schließlich herrschte Max ihn an, er solle seinen Ausweis zeigen. Der Posten tippte mit zwei Fingern an seine Mütze und ließ uns passieren.

Wir fuhren schweigend in das nächtlich stille Berlin. Es war Viertel nach zwölf und sehr kalt, da der Opel keine Heizung besaß. Max hielt den Wagen an, zog sein Jackett aus und gab es der Frau. Sie solle es sich überziehen, sagte er mürrisch. Die Frau dankte ihm mit einem seltsamen, weichen Lächeln. Dann fuhren wir weiter.

Als Max auf einem Ruinengrundstück in der Nähe des Spittelmarkts hielt und alle aussteigen ließ, wurde das Kind wach und greinte. Wir gaben das Gepäck heraus und verabschiedeten uns hastig. Der Lehrer bat Max zur Seite, die beiden kamen aber bald wieder zu uns. Wir zeigten ihnen die Richtung, in die sie gehen mußten. Dann setzten wir uns in den Wagen.

Ich fragte, was der Lehrer von Max gewollt hatte. »Er bot mir Geld für die Fahrt an. Zwanzig Mark«, sagte Max, »ich habe es nicht genommen.« Wir fuhren noch zweimal am angeblichen Stellplatz vorbei, doch kein Mensch war zu sehen. Ich fragte mich, wie der Lehrer und seine Frau so schnell verschwinden konnten.

Wie verabredet, schlief ich die Nacht bei Max auf einer herausklappbaren Liege. Im Bett rauchten wir und tranken Bier, und ich hoffte, er würde mit mir reden. Aber er sagte nichts und blickte nur auf die Zimmerdecke, und so schwieg ich auch.

1980

Und du wohnst wirklich
Hinter all den Grenzen dies gibt?

Hans-Eckardt Wenzel

Klaus Schlesinger
Die Spaltung des Erwin Racholl

Um sieben Uhr dreißig saß Racholl im vorletzten Abteil der U-Bahn, Linie A: Pankow / Vinetastraße – Thälmannplatz. Obwohl ihm die Müdigkeit in jeder Faser seines Körpers saß, waren sein Kopf hellwach und seine Sinne gespannt, ja es schien ihm, als sähe er die Konturen der Dinge und Menschen um sich herum schärfer, die Farben kräftiger, eindringlicher.

Der Zug fuhr an. Racholl lehnte sich in das kunstlederne Polster und schloß die Augenlider bis auf einen schmalen Spalt. Die gleichmäßigen Beschleunigungen des Zuges und das sanfte Rütteln übertrugen sich in seinen Kopf als ein eigentümlicher, singender Ton, der auch dann nicht verschwand, als die Bahn hielt und die Abteile sich mit Menschen füllten, Männer mit Aktentaschen und gepflegten Schuhen, Frauen mit kleinen Kindern auf dem Arm, deren greinenden oder plappernden Lärm Racholl eindringlicher und störender empfand als sonst.

Ihm gegenüber, wie jeden Morgen um diese Zeit, begrüßten sich zwei Männer mit Kopfnicken und flüchtigem Händedruck und versanken hinter ihrer großformatigen Zeitung. Racholl kannte sie vom Sehen; offenbar arbeiteten sie in einem der Ministerien, die in der Nähe von Racholls Dienststelle lagen.

Flüchtig nahm er die Station Alexanderplatz wahr, schloß die Augen jetzt ganz, öffnete sie erst wieder, als der Zug in Stadtmitte hielt, atmete tief durch, schloß sie abermals und wartete auf die Endstation, die in weniger als einer Minute erreicht sein würde, wartete auf den sanften Schub des Bremsvorgangs, der ihn tagtäglich auf die Sitzbank drückte, und gab sich währenddessen dem eigentümlichen Singen in seinem Kopf hin, das sich auf nicht unangenehme Weise mit farbigen, ständig die Gestalt wechselnden Figuren mischte, ein wahres Meer manchmal flirrender, manchmal wellenförmig sich verändernder Formen, in die man sich fallenlassen konnte, die einen sanft trugen in einen ruhigen, wohltuenden Schlaf. Racholl stellte sich vor, er säße in einem Zug, der nie anhalten würde, eingehüllt in farbige Formen, und die Minute, die ihm noch bliebe bis zum Aussteigen, würde kein Ende nehmen, merkwürdig, ganz merkwürdig, aber nicht unangenehm, und er lächelte jetzt und fühlte sich wohl, bis in ihm, langsam erst, aber stetig, der Gedanke Gestalt gewann, daß der Zug tatsächlich nicht bremste, so wie er es jeden Tag tat, knapp eine Minute nach Stadtmitte, und daß auch mehr als sechzig Sekunden vergangen sein mußten, weit mehr!

Racholl riß die Augen auf. Das Abteil hatte sich geleert, niemand stand in den Gängen, und die Sitzbänke hatten große rotbraune Lücken. – War denn schon Thälmannplatz, rief Racholl den beiden Männern zu, die, in Zeitungen vertieft, ihm gegenübersaßen, aber als der eine von ihnen das Blatt sinken ließ, blickte Racholl in ein Gesicht, das er noch nie gesehen hatte, und jetzt fiel ihm auf, daß auch die Zeitungen ungewohnt bunt und großbuchstabig aufgemacht waren. Schmerzhaft sprangen Racholl die balkenartigen Lettern in die Augen, und er las: Zwei Männer ertränkten junge Berliner Mutter im Wannsee!

Wie immer, wenn ihn Angst erfasste, spürte Racholl ein Ziehen in der Leibgegend, und als der Zug in eine schroffe Linkskurve einbog, wurde ihm ganz unvermutet klar, daß er geradewegs auf die Station Potsdamer Platz einfuhr.

Das kann doch nicht sein, dachte Racholl und schüttelte ungläubig und verwirrt seinen Kopf, doch im gleichen Maße, wie er sich zuredete, daß der Bahnhof seit mehr als dreizehn Jahren gesperrt war, wuchs in ihm die Befürchtung, ihm könne eine Änderung in der Praxis des städtischen Verkehrs entgangen sein und er fahre jetzt ungewollt und gegen seinen Willen in den ihm verbotenen Teil der Stadt.

Wieder spürte er dieses Ziehen im Leib, heftiger nun; ratsuchend sah er sich um, aber den Gesichtern der Fahrgäste nach zu urteilen, schien es etwas ganz Selbstverständliches, daß der Zug diesen Weg nahm. Racholl atmete schwer und ballte die Hände zu Fäusten, sein Blick fiel auf die Notbremse unter der Decke des Wagens; schon wollte er aufspringen und sie betätigen, trotz aller möglichen Folgen, als er sich erinnerte, daß die Station Potsdamer Platz vor dreizehn Jahren Grenzbahnhof gewesen war.

Natürlich, sagte er zu sich und schlug sich an die Stirn, es ist noch nicht zu spät, du steigst einfach aus.

Dieser Entschluß beruhigte ihn, und er starrte in die Finsternis hinter den Scheiben, die in regelmäßigen Abständen von den vorbeifliegenden Lichtschatten der Lüftungsschächte durchbrochen wurde, was ihn an die abenteuerlichen U-Bahn-Fahrten seiner Kindheit erinnerte.

Als der Zug in den Bahnhof einfuhr und die graugrünen Schemen hinter den Scheiben mit der Rücknahme des Tempos zu lebendigen, wartenden Menschen werden ließ, rief Racholl, so laut er konnte:

– Meine Herren! Ich steige aus!

Aber im gleichen Moment, da er dies gesagt hatte und sich nun erheben wollte, spürte er, daß seine Beine ihm den Dienst versagten, er konnte einfach nicht aufstehen und erschrak über seine Äußerung, schlug sich demonstrativ auf den Mund, registrierte noch, daß beides, leichtfertige Äußerung und verweisende Geste, in den Gesichtern der Fahrgäste keine Reaktion hervorriefen, da hörte er schon die Stimme aus dem Lautsprecher, in deren Klang Aufforderung und Warnung zugleich mitschwangen:

– Letzter Bahnhof im demokratischen Sektor!

Einige Fahrgäste erhoben sich und gingen mit ernsten Mienen zum Ausgang.

Mein Gott, dachte Racholl, du mußt jetzt aufstehen!

Alle Bürger des demokratischen Sektors mußten jetzt aufstehen, das war ihm plötzlich so klar wie die Tatsache, daß die graugrün Uniformierten den ordnungsgemäßen Vollzug dieser Anordnung zu kontrollieren hatten. In wenigen Sekunden würden sie das Abteil betreten und die Sitzengebliebenen mustern, bis sie plötzlich und ohne erkennbaren Grund vor irgendeinem Fahrgast stehenblieben, das Personaldokument verlangten und ihn, falls er Bürger war, mit eisigen Gesichtern in die Mitte nahmen und aus dem Zug führten. Das wußte Racholl plötzlich genau, und wenn er auch nicht die Höhe der Strafe kannte, so ahnte er doch, daß sie ein Leben lang anhalten könnte.

1977

R. hat immer behauptet, dass das Brandenburger Tor zierlich sei – »wie das Weiße Haus« –, aber als sie jetzt zum allerersten Mal hindurchgehen, kommt es ihm monumental vor – »das könnte aber auch Die Historische Stunde bewirken!« Neue Graffiti und alte Inschriften zieren es; zwischen den Säulen gelblich gestrichene Flächen. Auf der anderen Seite, wo R. die beträchtlichen Vorbauten erstaunen werden, stellen sich immer wieder Leute in das Licht, das das Tor nächtens anstrahlt, um fotografiert zu werden.

Später äußert Kathrin Befriedigung, weil R. sie, als sie hindurchgingen, nicht fragte, ob sie weinen möchte. Dabei hatte R. selber mit den Tränen zu kämpfen.

Michael Rutschky: Samstag, 13. Dezember 1989

Jurek Becker
Romeo in Berlin

Diese Stadt habe ich mir nicht ausgesucht, jedenfalls nicht in dem Sinne, daß ich Vorteile und Nachteile gegeneinander abgewogen hätte. Als ich in dem Büro endlich an die Reihe kam, hat man mir die Wahl gelassen zwischen dieser und einer anderen Stadt, von der ich nie zuvor gehört hatte. Da habe ich mich für Berlin entschieden, aber wichtig war es mir nicht. Erst seitdem ich hier lebe, ist mir klar geworden, wie günstig dieser Ort für einen ist, der Geld sparen muß. Nicht gleich am Anfang begriff ich das, sondern nach und nach, und seltsam spät. Im ersten Monat war der einzige Wechselkurs auf der Bank, für den ich mich interessierte, der zwischen meiner eigenen Währung und dem Geld, das ich hier verdiene. Nach Ostberlin zu fahren, das hatte ich mir für später gegen Langeweile vorgenommen, für irgendeinen warmen Sonntag, auch weil man sich für die Sehenswürdigkeiten der Stadt interessieren soll, in der man lebt. Dann erst erfuhr ich von einem griechischen Kollegen, daß man das eine Geld sehr günstig gegen das andere tauschen kann. Er wunderte sich, daß ich es noch nicht wußte. Er erklärte mir, welche Dinge hier teuer sind und welche dort. Bald verstand ich, daß man seinen Lohn, wenn man es nur geschickt genug anstellt, kräftig aufbessern kann. Er sagte zwar, daß im anderen Berlin die Tauscherei verboten ist und daß sie dich ziemlich hart bestrafen, wenn sie ihr Geld bei dir finden. Er sagte aber auch, daß nur Millionäre es sich leisten können, darauf Rücksicht zu nehmen.

Da fing ich an, mich auch bei anderen zu informieren, vor allem bei Leuten aus meiner Heimat. Ich wollte die Erfahrungen vieler hören, um mir aus allen das

Beste zu nehmen und Anfängerfehler zu vermeiden. Am vernünftigsten kam mir vor, das zu tun, was die meisten gern getan hätten, wozu aber nur wenige den Mut aufbringen: im anderen Berlin zu wohnen und eigentlich zu leben, und in diesem hier nur zu arbeiten für das bessere Geld. Ich rechnete mir aus, daß ich meine fünf Jahre in der Fremde auf dreieinhalb verkürzen kann, wenn ich das wage. Zumindest auf vier, und wo sonst kriegst du ein Jahr geschenkt?

Meine wenige Erfahrung mit der Grenze war, daß die Posten sehr unfreundlich kontrollieren, doch selten besonders gründlich. Ich traf einen herzensguten Landsmann, der auf solche Weise schon lange lebte und mir ohne Vorbehalte Auskunft gab. Er sagte, man muß ein Mädchen mit einem großen Zimmer kennenlernen, weil man ein eigenes Zimmer ja nicht haben darf. Jemand mit zwei Zimmern zu finden, sagte er, wäre ein riesengroßes Glück, zwei Zimmer hat fast keine. Ein gutes Mädchen aber zu finden ist nicht so schwer, sagte er, jedenfalls viel leichter als hier, denn man kann tausend Sachen mitbringen, die es dort nicht zu kaufen gibt. Unangenehm ist, daß man nachts um zwölf wieder hinaus muß aus dem anderen Berlin, das ist Gesetz. Doch man kann gleich hinter der Grenze umdrehen und wieder zurückgehen. Auf diese Weise überquert man jeden Tag viermal die Grenze: einmal am frühen Morgen zur Arbeit, das zweitemal nach der Arbeit, dann kurz vor zwölf wegen der verfluchten Bestimmung und ein letztes Mal nach zwölf, zurück zu dem Mädchen. Außer an den Wochenenden natürlich, da gibt es keinen Arbeitsweg. Eine andere Möglichkeit wäre, sagte er, daß man sich nach der Arbeit bis Mitternacht herumtreibt und dann erst zu dem Mädchen ins Bett fährt. Es hängt davon ab, ob das Mädchen mitmacht und ob man es selbst aushält, rein körperlich. Jedenfalls kann man so elf Mark und fünfzig Pfennig am Tag sparen, das sind die Kosten für eine Einreise. Er sagte, daß er auf diese Weise seiner Frau zweihundert Mark mehr im Monat schicken kann.

Als wenig später die teure Miete für mein Zimmer noch um eine gewaltige Summe erhöht wurde, war ich soweit. Ich fuhr den Sonnabend darauf über die Grenze und setzte mich in ein Lokal, das man mir für meine Angelegenheit empfohlen hatte. Ich war sofort enttäuscht, weil ich nirgends entdecken konnte, was ich suchte. Dafür unterhielten sich die Männer am Nachbartisch in meiner Sprache. Fünf Minuten später saßen wir zusammen und erzählten von unseren Dörfern. Der eine war aus einem Ort hinter den Bergen, von dem ich schon gehört hatte. Nach ein paar Gläsern kamen zwei Frauen, die mit den Männern verabredet waren. Sie gingen alle zusammen weg, doch die eine Frau kam noch einmal zurück und fragte mich, ob sie am nächsten Sonnabend ihre Freundin mitbringen sollte. Weil ich so unvorbereitet und verlegen war, benahm ich mich wie ein Idiot und sagte, daß ich doch ihre Freundin überhaupt nicht kenne. Zu meiner Erleichterung war sie aber nicht beleidigt, sondern sie sagte: Das habe ich mir schon gedacht, deswegen will ich sie ja mitbringen. Und sie sagte noch: Angucken kostet nichts. Wir verabredeten uns für den nächsten Sonnabend. Einer meiner Landsleute zwinkerte mir von der Tür her zu, als ob er hinter der Sache steckte. Eigentlich freute ich mich, daß ich den ersten Schritt hinter mir hatte, ohne große Mühe.

1980

warum ich in Westberlin bleibe:
wegen der märkischen Großstadt-Atmosphäre
(zusammengesetzt aus einzelnen Dörfern)
wegen des ruhigen Ambiente der Provinz
(Westdeutschland kommt ohnehin zu Besuch)
weil hier zu sehen ist was los ist
(die moderne Grenze als Gegenstand statt in der Tagesschau)

Uwe Johnson: Im Gespräch mit einem Hamburger

Ingo Schulze
Exkursion nach Berlin West

Ich wähle diesen 20. November 1989 für eine Exkursion nach Berlin West, obwohl es nicht gerade das ist, wonach mir der Sinn steht. Ich kann nur schlecht von anderen verlangen, sich mit eigenen Augen ein Bild vom Kapitalismus zu machen, und ich selbst drücke mich dann davor.

Auf dem Volkspolizeikreisamt in Treptow erhalte ich gegen eine Gebühr den Stempel für die Ausreise in meinen Personalausweis. Wie jeden Morgen mache ich mir zwei Doppelschnitten mit Bierschinken. Außer meiner Trinkflasche packe ich nur Regenzeug in den Rucksack und fahre mit der S-Bahn in den Prenzlauer Berg. Ich will an der Bornholmer beginnen und von da aus im Halbkreis nach Südwesten gehen.

Von den Grenzsoldaten, die ich im September kennengelernt habe, hat keiner Dienst. Ich muss nicht warten, ein Blick in meinen Personalausweis, ein Blick in meine Augen, ein freundliches Nicken, und ich befinde mich bereits im Niemandsland. Ich wünschte, sie kontrollierten strenger. Wer weiß, was in diesen Tagen alles gewissenlos über die Grenze geschmuggelt wird!

Ich nehme mir vor, gegenüber den westlichen Uniformierten selbstbewusst aufzutreten und nicht zu lächeln. Ich werde von anderen Touristen überholt. Bis zu den beiden Mercedes-Taxen sind es nur noch ein paar Schritte. Ich erwarte, gerufen und zurückbeordert zu werden. Ich bleibe stehen. Schließlich kehre ich um, aber auch das hilft mir nicht weiter. Weit und breit sehe ich niemanden, dem ich meinen Personalausweis zeigen könnte.

Ich habe ihn noch in der Hand, als ich das erste Geschäft besichtige. Es bietet Zeitungen und Zeitschriften an. Die Regale sind völlig überladen. Die Verkäuferin hat blassblonde Haare und ist gebräunt, als käme sie gerade von einem Strandurlaub. Ich frage nach der *Neuen Zeit*.

Während sie nach der *Neuen Zeit* sucht, klemmt sie ihre Zigarette in die Kerbe eines durchsichtigen und ziemlich vollen Aschenbechers. Nicht nur, dass sie die *Neue Zeit* nicht findet, sie gibt auch ehrlich zu, den Namen noch nie gehört zu haben.

Sie zieht an ihrer Zigarette, drückt sie aus und bläst den Rauch auf den Ladentisch. Ich danke der Verkäuferin und verabschiede mich.

»Tschüss!«, sagt sie, als hätten wir uns gerade angefreundet. Diese Freundlichkeit haben sie den Geschäftsleuten in Grenznähe erfolgreich eingetrichtert. Auch das hat man bei uns versäumt.

Mir gefallen die Gemüseläden, die offensichtlich ausnahmslos von ausländischen Händlern betrieben werden. Es ist wirklich erstaunlich, mit welch breiter Angebotspalette sie zu dieser Jahreszeit noch aufwarten können.

Wenigstens etwas Vorbereitung hätte meiner Exkursion gut getan. Mehrmals muss ich Passanten ansprechen, um nach dem Weg ins Zentrum zu fragen. Einmal gerate ich dabei an Ostberliner, die hier angeblich Freunde besuchen. Fast zwei Stunden brauche ich, bis ich das erste historisch interessante Gebäude erreiche, ein kleines, U-förmiges Schloss, an dessen Besichtigung mich aber ein Stahlzaun hindert.

Danach komme ich zu einem großen Platz, der von einem mehrspurigen Kreisverkehr mit Ampeln beherrscht wird. In der Mitte hat man auf einem pompösen Podest eine Säule errichtet, ein vergoldeter Engel bekrönt sie. Ich halte die ebenfalls gold glänzenden senkrechten Stäbe an der Säule für Zierrat. Bei näherer Betrachtung erweisen sie sich jedoch als Kanonenrohre, vergoldete Kanonenrohre! Hoffentlich sehen sich das möglichst viele von unseren Leuten an! Danach erübrigt sich jedes Wort über preußischen Militarismus und den Umgang von Berlin West mit diesem unseligen Erbe. Im Weitergehen entdecke ich am Ende der Straße unseren Schutzwall und dahinter das Brandenburger Tor. Augenblicklich erfüllt mich Heimweh. Ich finde es ziemlich sinnlos, hier herumzulaufen, wo ich niemanden kenne, zumal zu Hause genug Arbeit auf mich wartet. Ich brauche eine Weile, um das Gebiet des Tiergartens, wie sich der westliche Stadtpark nennt, zu durchqueren.

Als ich auf dem breiten Mittelstreifen zwischen zweispurigen Fahrbahnen einige Sitzbänke entdecke, entschließe ich mich zu einer Rast. Die Pause habe ich mir verdient. Neben einem älteren Mann, der ein Rollwägelchen voller Altstoffe bei sich hat, ist noch Platz. Den Rucksack auf den Knien, beginne ich mit Appetit zu essen. Da mich mein Nachbar aus den Augenwinkeln beobachtet, ohne auf mein mehrmaliges Nicken zu reagieren, halte ich ihm die offene Brotkapsel hin.

»Bitte«, sage ich. Er zögert. Auch ich würde nicht gleich etwas von Fremden annehmen. Doch meine Beharrlichkeit wird belohnt. Langsam greift seine Hand – sie hat schwarze Fingernägel und ist überhaupt dunkel vor Dreck und noch dazu geschwollen, als wäre sie erfroren – nach der anderen halben Doppelschnitte. Mit dem Daumen hebt er die obere Brotscheibe ab und beißt in die untere, in die mit dem Bierschinken. Sein Unterkiefer bewegt sich seitlich hin und her, als rutschte er beim Zubeißen immer wieder ab.

»Schmeckt's?«, frage ich, um nicht so stumm neben ihm zu sitzen. Er wendet sich mir zu. Statt zu antworten, mustert er mich eingehend und ohne Scheu. Nicht nur sein Mund, seine ganze untere Gesichtshälfte zittert beim Essen.

»Ist etwas Verwunderliches an mir?«, frage ich schließlich. Er tut, als hätte er meine Frage nicht gehört. Gern würde ich etwas trinken. Allerdings müsste ich ihm dann auch etwas anbieten, wovor ich mich angesichts des eingedickten Speichels in seinen Mundwinkeln scheue.

»Wo kommst'n her?«, will er dann unvermittelt wissen, während ich bereits zusammenpacke.

»Aus Berlin«, sage ich. Aber natürlich reicht das in Berlin West als Erklärung nicht aus. »Aus der Hauptstadt der DDR«, füge ich hinzu.

Ohne eine Regung zu zeigen, starrt er mich an. Ich will es gerade lauter wiederholen, als er langsam und genüsslich, als lutschte er jede Silbe wie ein Bonbon, »aus der Hauptstadt der DDR« wiederholt. »Aus der Hauptstadt ...« Und nach einer kurzen Pause, in der er weiterkaut und zugleich mit dem Mund nach Luft schnappt: »Er kommt aus der Hauptstadt!«

Ich nicke. »Aus Berlin-Treptow.«

Irgendeine Erinnerung scheint ihn zu überwältigen. Hat er Tränen in den Augen? Lacht er? – Es ist tatsächlich ein Lachen, das von ihm Besitz ergreift.

»Nicht mehr viel los mit deiner Hauptstadt, was?«, brüllt er und lacht lauthals, als sollte ich auch noch den letzten der schwarzen Stummel in seinem Mund sehen und den Brotmatsch mit Bierschinken dazwischen. Eine Träne sucht sich ihren Weg über seine Wange.

»Nichts los! Is aus mit der schönen De-de-er!« Er muss furchtbar husten, Brotkrümel fliegen umher.

Ich bleibe ruhig. Auf Provokationen bin ich vorbereitet, obwohl sie mich von jemandem wie ihm, der offensichtlich ein Proletarier ist, enttäuschen. Doch das kapitalistische System hat ihn bereits derart erniedrigt, dass er zum Lumpenproletarier herabgesunken ist, der sich für alles hergibt, auch wenn er damit seine eigenen Interessen verrät. Aber ich will nicht voreingenommen sein und ihn als Gegner abstempeln. Ich muss ihn historisch begreifen, als Produkt dieser Gesellschaft, und ihm klarmachen, wer seine wahren Feinde sind. Deshalb bleibe ich sitzen. Er schiebt sich den Rest der Bierschinkenhälfte in den Mund und wischt sich mit dem Rücken der freien Pranke über die Lippen.

»Was hast'n dir gekauft für dein' Begrüßungshunni, hm?«

»Ich habe mir nichts gekauft«, sage ich.

»Nix gekauft? Gibt's nich! Kaufen alle hier!«

»Was soll ich denn kaufen?«, frage ich.

»Bei euch gibt's ja nix. Deshalb komm'se ja alle.«

»Bei uns gibt's genug«, sage ich. »Immerhin haben Sie gerade ein Brot mit Butter und Bierschinken gegessen. Das ist ja wohl nicht ›nix‹, wie Sie sagen.«

»Oh, hoho, biste sauer? Soll ich fein ›danke‹ sagen, Pfötchen geben, willst'se wieder?« Er hält mir die obere Hälfte hin.

»Nein, ich habe Ihnen mein Brot gern gegeben. Ich sage nur, dass das nicht ›nix‹ ist, wie Sie behaupten.«

Er sieht mich wieder an. »Wenn du nix kaufst, kannste's ja mir geben.«

»Was soll ich Ihnen geben?«

»Den Begrüßungshunni! So was Feines hätt ich auch gern mal.«

»Tut mir leid. Aber Ihre Landeswährung will ich nicht.«

»Nicht abgeholt?«

»Da können die lange drauf warten, dass ich das abhole.«

Eine Weile schweigen wir. Ihm fehlen die Schnürsenkel an den Schuhen. Und Strümpfe sehe ich auch keine.

»Wollt dich nicht beleidigen«, sagt er dann beinah freundlich und beißt in die dünn mit Butter bestrichene Hälfte. »Schön' Dank auch für die Stulle. Wenn du das nicht machst, kannste's ja für mich machen, so'n feiner Hunni.«

»Können Sie von Ihrer Rente nicht leben?«

»Was'n für 'ne Rente?«, fragt er und glotzt mich an.

Welch dummer Fehler von mir! Offenbar sieht er wesentlich älter aus, als er tatsächlich ist. Ich will ihn schon nach seiner Arbeit fragen, beherrsche mich aber gerade noch rechtzeitig, als mir einfällt, dass es hier ja Arbeitslosigkeit gibt und ich ihn damit ein weiteres Mal beschämen würde.

»Was?«, fragt er, obwohl ich gar nichts gesagt habe.

»Wie viel gibt's denn hier für das Kilo Altpapier?« Ich deute auf seinen Karren, an dessen Rand etliche

Zeitungen stecken. Versteht er meine Frage nicht? Ich erkläre ihm, dass bei uns das Kilo Zeitungen fünfzehn Pfennige bringt, für Flaschen und Gläser jeweils fünf. »Am meisten«, fahre ich fort, »bringt Schrott. Aber den gibt's kaum noch. Der ist immer schnell weg. Zeitungen und Gläser gibt's überall.«

»Kannste mir nicht den Hunni holen?«, fragt er.

»Nein«, sage ich. »Das darf man nicht machen. Das ist ein Trick. Es wird von Ihren Steuergeldern bezahlt, kommt aber nur den Geschäftsleuten zugute und soll unseren Bürgern den Kopf verdrehen. Dreimal nein, muss jeder da sagen!«

»Was bist'n du für'n Vochel«, sagt er vor sich hin.

Meine Argumentation hat ihn nicht überzeugt. Die jahrzehntelange Kopfwäsche durch die Presse seines Landes hat ihm offenbar jeden klaren Gedanken ausgetrieben. Doch statt enttäuscht oder beleidigt zu sein, sollte ich einfach besser argumentieren. Ihm von unseren revolutionären Umgestaltungen zu erzählen, davon, dass wir die Macht, die uns auf dem Papier schon gehörte, uns jetzt tatsächlich nehmen, hieße, den zweiten Schritt vor dem ersten zu gehen.

»Wissen Sie, was wir machen?«, sage ich. »Ich werde Ihnen jetzt zwanzig Mark schenken, zwanzig Mark der Deutschen Demokratischen Republik.«

Ich hole mein Portemonnaie hervor, froh, so schnell eine überzeugende Lösung gefunden zu haben. Tatsächlich stecken noch zwei Zehner drin. Ich reiche sie ihm.

»Soll ich'n damit?«, fragt er.

»Damit können Sie in der DDR einkaufen gehen. Sie werden staunen, was Sie dafür alles bekommen! Auf diese Art und Weise lernen Sie ganz praktisch, dass es bei uns nicht nur nicht nix gibt, sondern dass das, was Sie ›nix‹ nennen, ganz schön viel mehr ist, als hier, wo zwanzig Mark Ihrer Landeswährung im Vergleich dazu nix sind.«

Er begreift immer noch nicht, obwohl ich mich doch in seiner Sprache klar ausgedrückt habe.

»Bitte«, dränge ich ihn. »Probieren Sie es! Ich garantiere Ihnen, für zwanzig Mark unserer Republik erhalten Sie dreimal so viele Lebensmittel wie für denselben Betrag Ihrer Landeswährung.«

Langsam streckt er seine Hand aus und greift nach den Zehnern.

»Das ist Clara Zetkin«, erkläre ich, während er die Scheine betrachtet. Er reicht sie mir zurück, aber nun nehme ich sie nicht mehr.

»Machen Sie sich keine Gedanken«, sage ich und winke ab. »Ich bin Maurer und verdiene mehr als genug. Wenn Sie bei uns bleiben wollen, weil wir das Recht auf Arbeit verwirklicht haben und auf kostenlose medizinische Versorgung, wenn also Ihre Zähne in Ordnung gebracht sein werden und Sie eine Arbeitsstelle gefunden haben, dann erinnern Sie sich vielleicht daran, dass es diese zwanzig Mark gewesen sind, die Ihr Leben verändert haben. Bei uns wird jeder gebraucht! Auf Wiedersehen.«

Ich stehe auf und halte ihm zum Abschied die Hand hin. Er braucht eine Weile, bis er seine Rechte erhoben und zu meiner bugsiert hat. Sie ist klebrig. Trotzdem drücke ich sie fest und lange. Er soll wissen, wer seine wahren Verbündeten sind.

2017

Tauben und Spatzen streiten um weggeworfenes Brot
Hier, wo wir standen mit unseren Pappschildern, steht
Der Pavillon der *Deutschen Bank*. Eine Vietnamesin
Verkauft amerikanische Zigaretten aus Polen. Sergeanten
Aus Minsk starren auf die halbnackten Mädchen
Zwischen *Prawda*, *Le Monde* und *Washington Post*. Mauerstücke
Und *Banner der Arbeit* für Touristen aus Übersee. Am Ende
Die Freiheit der Andenkenverkäufer. Zwei Kinder
Winken mit roten Fahnen von *Mitsubishi* und *Coca-Cola*

Steffen Mensching: Berliner Elegie

Hans Joachim Schädlich
Unstet und flüchtig

Ich öffne die Tür nicht. Eine Frau steigt aus oder ein Mann steigt aus oder eine Frau steigt aus und ein Mann steigt aus. Ich steige in den vorletzten Wagen. Ich schließe die Tür nicht. Eine Frau und ein Mann oder eine Frau oder ein Mann steigen in den vorletzten Wagen. Ein Mann oder eine Frau fährt fünfzehn Minuten von Ostkreuz bis Köpenick. Eine Frau und ein Mann fahren dreißig Minuten von Ostkreuz bis Köpenick. Jede Tür ist gegenüber einer Tür. Das Neonlicht ist abweisend, anziehend, angenehm und lästig. Ein Fahrgast liest eine Zeitung. Ein Fahrgast liest zwei Zeitungen. Zwei Fahrgäste lesen drei Zeitungen. Einige Fahrgäste schlafen, sprechen, wachen, schweigen und sehen zum Fenster hinaus. In den Fensterscheiben spiegeln sich Fahrgäste. In den Fensterscheiben, in denen sich Fahrgäste spiegeln, spiegeln sich Fensterscheiben, in denen sich Fahrgäste spiegeln. Die Fahrgäste sind dick, schmutzig, klein, alt, jung, groß, sauber und dünn.

Ich setze mich auf einen Fensterplatz auf der rechten Wagenseite. Ich fahre vorwärts. Ich sitze einem Mann gegenüber. Er zieht seine Füße etwas zurück. Er setzt sich etwas aufrechter. Er trägt einen schwarzen Mantel. Er hat weißes Haar. Er trägt eine Brille. Er hat braune Augen. Er sieht unsicher aus. Er sieht müde aus. Er lächelt allein. Der Platz neben ihm ist frei. Jeder Fensterplatz hat eine Armstütze. Der Mann stützt seinen linken Arm auf. Die Sitze, die Rückenlehnen und die Armstützen sind gepolstert. Sie sind mit blauem Kunstleder bezogen. Die Seitenflächen der Sitze und Rückenlehnen sind mit grauem Kunstleder bezogen. Unter den Sitzen sind elektrische Heizkörper. Unter den Fenstern sind schmale, mit grauer Folie bedeckte Fensterbretter. Unter den Fensterbrettern sind schmale graue Abfallbehälter. In die Abfallbehälter sind die Buchstaben DR geprägt. Zwischen Ostkreuz und Rummelsburg überquert die S-Bahn die Karlshorster Straße. Auf den Höfen der Häuser am Bahnhof Rummelsburg hängt keine Wäsche. Die S-Bahn begegnet dem D-Zug Warszawa – Berlin.

Ein Mann öffnet auf dem Betriebsbahnhof Rummelsburg die letzte Tür des vorletzten Wagens. Er setzt sich neben den Mann, dem ich gegenübersitze. Links längs der S-Bahn dauern die haushohen Reste der Häuser, in die meine Fremden und Vorgänger geflüchtet sind.

1977

Sechs Berliner Lehrerinnen gingen am Reichpietschufer spazieren. Keine wußte, wer Reichpietsch war. Wie sollen unsere Kinder Republikaner werden?

Robert Wolfgang Schnell

Berliner Ränder

.

Johannes Bobrowski
Im Verfolg städtebaulicher Erwägungen

Durch eine frühere Allee, die sich, baumlos, auf einen leeren Platz zu verbreitert, immer entschiedener, je weiter sie sich von der Ecke, an der ich wohne, entfernt, kann ich in eine Querstraße hineinblicken. Eine alte Straße von ziemlich neunzig Jahren, alte Häuser mit breiten Simsen, Pilastern, von Halbsäulen getragenen Fensterstürzen, Balkonen, die von Atlanten gestützt werden, und Rundportalen, die vielleicht einfielen, schmiegten nicht Karyatiden von derber Anmut fleischig-kräftige Rücken unter die Wölbung.

Seit einiger Zeit allerdings bemerke ich von meinem Fenster aus, daß sich Unruhe in dieser Straße verbreitet, daß dort etwas angefangen hat, was allgemein unter der Bezeichnung Regulierung des Stadtkerns begriffen wird und nichts anderes bedeutet, als daß die Häuser in dieser Straße zum Abriß bestimmt worden sind.

Alte Häuser. Von unten her hat der Schwamm an ihnen gearbeitet und von oben, vom Dachstuhl aus, der Holzwurm. Auf halbem Wege ungefähr haben sie sich getroffen; ohne Aufheben davon zu machen, aber, wie man sieht, nicht unbemerkt.

Die Bewohner des ersten Hauses, kann man annehmen, warten eine Benachrichtigung gar nicht erst ab, vielleicht ist sie auch vor Jahren schon erfolgt. Mit Sack und Pack ziehen sie in das nächststehende hinüber, ohne zu fragen und unbegrüßt von dessen Bewohnern, liegen dann in allen Fenstern, vom Keller bis zum Dachboden, und rufen den Arbeitern draußen, die mit Geräten und Maschinen den Abriß durchführen, ihren Zorn und ihre Verachtung ins Gesicht.

Da sind sie also untergekommen. Aber in der nächsten Woche bereits ist auch dieses Haus an der Reihe.

Die Greifbagger rücken vor, Bewohner und Gäste siedeln gemeinsam ins nächste Haus über. Und eine Woche darauf ist es schon wieder so weit, Kisten, Gerät, Kleidungsstücke werden in das nächststehende Haus geschleppt, dessen Türen sich widerwillig öffnen. Jetzt blicken bereits sechs oder acht Köpfe aus jedem Fenster. Da wird sicher geschrien, und man weiß ungefähr: was, aber bis hierher ist nichts zu hören, nur die offenen Münder erkennt man und Fäuste, erstarrt jetzt in einer drohenden Bewegung, denn die Greifer manövrieren und bewegen sich, nach einer halben Drehung, auf das nächste, noch stehende Haus zu. So geht es voran, ein Haus, und wieder ein Haus.

Wir werden hinübergehn müssen, vor Abend, die Laternen entzündet man in dieser Straße nicht mehr, oder uns wenigstens nach der Länge der Straße erkundigen, oder doch besser einen Blick in die Straße werfen, nach ihrem Ende zu, solange es das noch gibt. Wir müssen doch vielleicht wissen, wieviel Wochen es noch so gehen kann.

Übrigens werden die Häuser auf das Ende der Straße zu niedriger und enger. Schmale Türen, immer weniger Fenster. Erst noch achtzehn oder sechzehn in der schon recht schmucklosen Fassade, schließlich noch vier. Wie werden die Leute da alle herausschauen können?

Es findet sich ja noch immer ein Haus, vielleicht eins mit zwei Fenstern, das ist wenigstens etwas. Denn das letzte, denke ich, hat keines mehr.

Es können ja neue Häuser an die Stelle der alten gesetzt werden; alles neu, ein neuer Name für die Straße, neue Bewohner, man hat präzise, ausreichend detaillierte Vorstellungen, wenn es um die Zukunft geht. Aber wie das mit dem Alten, Früheren, dem Vergangenen gewesen ist, da bleibt man auf Vermutungen angewiesen. Das ist gewesen, und ist vergangen, Zeit, und verlorene Zeit. Wie Geschwätz.

1968

Rolf Haufs
Das Dorf S.

In Kohlhasenbrück an der Grenze nach S.
ein Fahrradständer, überdacht
Mülltonnen
Abfälle neben den Mülltonnen
ein Sandweg, ansteigend, an seinem Ende
eine Schranke, rot und weiß, geschlossen
Dreh dich nicht um der Tod steht hinter dir
zwei Fahnen
die eine schwarz-rot-gold mit dem Emblem
die andere rot
Wir stehen fest auf dem Boden des ersten deutschen
    Arbeiter- und Bauernstaates.
Vor den Schildern, vor der Schranke, hinter den
    Schildern, hinter der Schranke, unter dem
    Emblem, zwei Soldaten.
Der eine sieht durch ein Fernglas über die Grenze,
    wo ein Polizist steht, der durch ein Fernglas über
    die Grenze sieht, wo ein Soldat steht.
Der Soldat setzt das Fernglas ab und läßt es baumeln
    neben dem Gewehr, dessen Lauf schräg nach
    unten zeigt.
Ein Neuer, ruft der Soldat.
Der andere prüft den Personalausweis, Stempel
    und Unterschrift, Größe, Farbe der Augen,
    Gesichtsform, keine besonderen Kennzeichen.
Bei Faßbender wohnt er, sagt der Soldat.
Kann passieren, sagt der andere.
In Ordnung, sagen beide.
Die Schranke hebt sich. Hinter mir fällt sie zurück.

Der Weg ist 1247 m lang und 212 cm breit. Er hat drei
    Ausweichstellen. Die erste unter den Kiefern gleich
    hinter der Schranke. Die zweite, wo ein Pfad den

Weg kreuzt. Bei der dritten sieht man Rauch auf-
steigen, gleichmäßig, gerade in den Himmel.
Telefonmasten laufen mit. Die Kabel hängen durch.
Porzellanköpfe. Hinter den Bäumen, Büschen,
hinter hundhohem Gras Bahngleise.
Fünfzehn Minuten also. Der Koffer wurde nicht
kontrolliert.
Ich sehe Häuser und Zäune.
Eine Straße. Eine Telefonzelle. Die Straße macht eine
Kurve.
Kein Durchgang.
Verboten.
Warnung vor dem Hunde.
Unter Kastanien ein Bunker.
Eine zweite Straße verläuft quer zur ersten. Die
Häuser sind hier kleiner.
Ein Wartburg fährt vorbei. Ich grüße den Mann
hinter dem Steuer. Der Mann grüßt nicht zurück.

S. hat während der warmen Jahreszeit 176 Einwohner
darunter
77 männliche
99 weibliche
Auf 32 weibliche Einwohner entfallen 47 Kinder
darunter
28 männliche
19 weibliche
Zutritt haben außer diesen Personen Feuerwehr und
Krankenwagen
sowie
1614 Verwandte und Bekannte mit zweitem
Wohnsitz in S. (Stand vom 30. Juni 1961).
Frau Bölke hat ziemlich radikale Ansichten über
Königshäuser.
Frau Monigkeit will ihren Mann auf Trab bringen
und streut ihm Sand ins Bett.
Frau Theuerzeit will nicht wahrhaben, daß sie ihrem
Hund immer ähnlicher sieht. (Willst du wohl von
dem Osthund runtersteigen.)

Die Post braucht in S.* einen Tag länger als im
  übrigen Stadtgebiet.
Aber beweisen kann man nichts.
Wenn Sie Post in den Osten haben, ist es besser, Sie
  werfen den Brief in den Ostbriefkasten. Wenn
  die Streife in Höhe der Bahngleise ist, gehen Sie
  einfach auf die andere Straßenseite.

1968

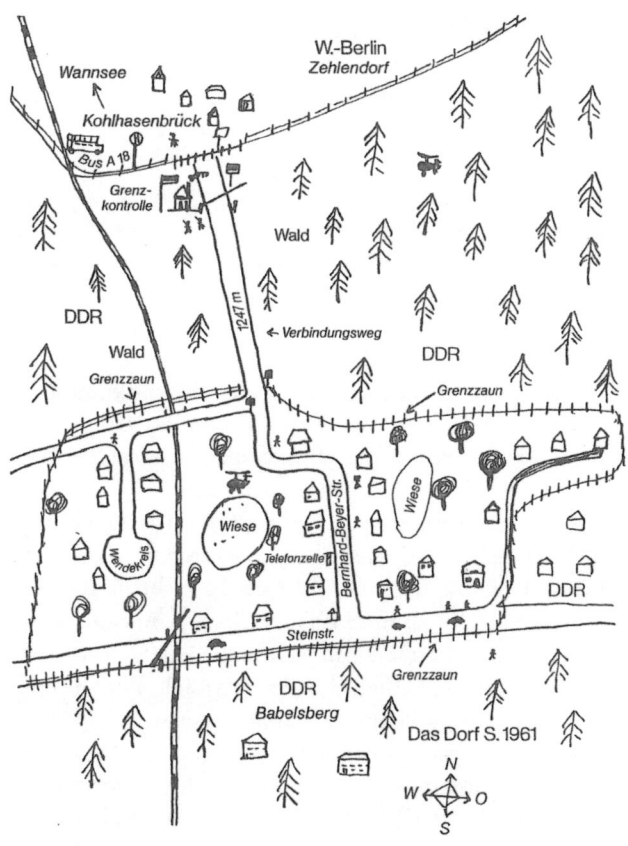

* Dorf S. = Steinstücken, ehemalige Westberliner Exklave

Lutz Rathenow
Das Zentrum, die Ränder

Das Zentrum, die Ränder.

Die Stadt franst aus, zerfließt in Teile, die eigene Städte sind. Und wächst als Hauptstadt weiter. Die Dörfer Malchow und Falkenberg geraten in den Betongriff von Neubaugebieten. Das Haupt wird ausgebaut. Beschädigt man dabei sein Hirn, das Gedächtnis, die Identität eines Ortes?

»Überzeugen Sie sich vom Baugeschehen in Marzahn!« lockt auf dem S-Bahnhof ein Plakat. Ich fahre hin. Der Tag im gleißenden Licht. Als ob einen die Sonne erstechen möchte. Ich will Marzahn gut finden und kämpfe gegen die Vorstellung an, in die Wüste zu fahren. Bei einer der neuen Stationen steige ich aus und laufe los.

Laufe durch Straßen, die nicht zusammenfinden wollen. Ein scharfer Wind erinnert an die Aussage eines Architekten, dass die Windverhältnisse bei der Projektierung vernachlässigt worden seien.

Einer fragt mich nach einer Straße. Ich zucke mit der Schulter. Und merke am nächsten Schild, dass ich in der erfragten bin. Wohnkästen rechts und links. Anfangs beliebte Tauschobjekte für die Altstadt. Zwischen den Gebäuden eine staubige Gegend, die sich bei Regen in ein Schlammbad verwandelt. Für alles ist gesorgt. Fertigteilhäuser, standardisierte Spielplätze, Dienstleistungseinrichtungen, Gaststätten. Bevölkerungsentwicklungsintensivhaltung. Nur Leichencontainer fehlen, der praktische Friedhof im Keller, um Energie beim Abtransport zu sparen. Ob es für Neubaugebiete konzipierte Friedhöfe geben wird?

1987/2017

Kathrin Schmidt
Siedlung Eintracht

Claudia Schaechter zieht die Sandalen aus und stellt sie im Erdgeschoss in den Winkel zwischen Küchenwand und Kellertür. Ihre Schwester behält ihre Schuhe bis zur oberen Etage an den Füßen, zieht sie erst dort aus und wirft sie in den Schuhkipper. Mit dem Tod der Mutter haben sie das Haus aufgeteilt. Die Küche in der unteren Etage und den Garten benutzen sie gemeinsam. Von Grund auf muss saniert werden. Sie sind übereingekommen, das Dach erneuern und die Fassade dämmen, die Elektrik komplett auswechseln und den Keller trockenlegen zu lassen. Nächtelanges Rechnen ist dem Bestellen der Handwerker vorausgegangen.

Barbara arbeitet als Sachbearbeiterin für dezentrale Kulturarbeit im öffentlichen Dienst des Bezirksamtes Marzahn-Hellersdorf, Claudia ist Kostümbildnerin, hatte bis Anfang der Neunziger am Theater gearbeitet. Seit sie nach einer der Entlassungswellen auf der Straße stand, hat sie nie wieder einen Fuß in die Tür kriegen wollen, sondern näht jene extravaganten Kleider, die in einigen Boutiquen der Stadt für gutes Ein- und damit Auskommen sorgen und der Schwestern Sonderstellung in der Siedlung *Eintracht* befestigen. Der verschlafene Winkel Berlins zwischen der Kleingartenanlage *Formosa* und der Siedlung *Heimatscholle* war früher grenznah gewesen und deshalb abgelegen. Die Grenze gibt es längst nicht mehr. Dennoch haben die weiten Baumschulgebiete in der Umgebung dafür gesorgt, dass sich an ihrer Abgelegenheit nicht viel änderte. Endlich ist es, wie es überall ist auf der Welt: Die in die Jahre gekommenen Bewohner der Häuser sind ans Sterben gegangen und haben sie ihren Kindern vererbt, die ihrerseits auch schon zu alt sind, um ihr Glück noch anderswo suchen zu wollen. Aber es ist ein Schwebezustand des verabredeten Besitzens, denn die nun in den Häusern Lebenden wissen ihre Kinder oft weit im Land oder gar über den Erdball verstreut, wo sie auf eine Weise existieren, die ihren Eltern nicht mehr nahe und nicht mehr verständlich ist. Sie würden die Häuser weder übernehmen wollen noch können, und so versuchen die einen gar nicht erst, sie noch auszubauen oder besonders gut zu erhalten, sondern leben auf Rente und Ende zu, während die anderen sie verscheuern und das Geld, je nach innerfamiliärem Zusammenhalt, entweder für die Kinder anlegen oder auf ihre älter werdenden Tage verjubeln. So hat das eine oder andere Grundstück über die Jahre neue Besitzer bekommen, die aber meist nach dem Kauf nicht mehr genug Geld haben, abreißen und neu bauen zu lassen. Die Siedlung hat ihr Gesicht bis heute behalten.

Barbara und Claudia Schaechter haben keine Kinder, und auch ihr Haus sondert sie ab. In den Zwanzigerjahren des letzten Jahrhunderts von einem Gropiusschüler errichtet, krönt das Pultdach zwei Volletagen mit der Klarheit seines Entwurfes. In den Nachbar- und Abernachbargärten hingegen waren den winzigen Zimmerchen unter niedrigen Spitzdächern im Laufe der Jahre immer neue Zimmerchen angepflastert, waren Dächer übereck mit, je nach Verfügbarkeit, unterschiedlichen Ziegeln gedeckt worden und bestenfalls in den letzten Jahren unterm Schlingknöterich verschwunden. Diesen Häusern glauben Barbara und Claudia Schaechter übrigens schon von Weitem anzumerken, dass ihre Bewohner nicht nur vor der Wildheit des erst nach der *Wende* aufgekommenen Gewächses resigniert haben. Claudia weiß um die Härte von Depressionen. Deshalb hat sie ihre Schwester überredet, an den Sonntagen zu einer Runde über den Spinat- in den Alpenrosen- und Ligusterweg aufzubrechen und an den Zäunen der Knöterichhäuser nach deren Bewohnern Ausschau zu halten. Sind sie bei ihren Verrichtungen zu entdecken, im Garten oder hinter den Gardinen, gehen die beiden weiter. Sehen sie aber niemanden, so klingeln sie. Klopfen, wenn eine Reaktion ausbleibt, an die Türen und versuchen, sich Einlass zu verschaffen. Den alten Achernkötter haben sie so halb tot in seinem Bad gefunden, er war gestürzt und konnte sich alleine nicht mehr helfen. Hatte sich und die Welt aufgegeben, die nun aber in Gestalt zweier elegant gekleideter Frauen in seinen Nahraum zurückkehrte und ihn aufforderte, sich ihr noch nicht zu entziehen.

Das ist gut ausgegangen, die Schaechterschwestern haben den Notarzt geholt, und nach zwei Wochen Krankenhaus und einer anschließenden vierwöchigen Rehabilitation ist Achernkötter zurückgekehrt. Mit Kraftaufwand hat er den Knöterich gekappt. Seitdem schlurft er am Stock hin und wieder zum Gropiusbau, spielt mit den beiden Skat oder erörtert das Ausbleiben des Anschlusses an die Kanalisation, um den sich die Schwestern schon zu alten Zeiten starkgemacht und mithilfe ihrer Eltern über Eingaben an das Zentralkomitee der damals herrschenden Partei zu befördern geglaubt hatten.

Je länger der Anschluss verschoben wird, desto gleichmütiger wird man in der Siedlung darum. Achernkötter und die beiden Schwestern scheinen die Einzigen zu sein, denen es etwas ausmacht, regelmäßig die Scheißabfuhr bestellen zu müssen. Sie haben Flyer gedruckt und in die Briefkästen gesteckt, auf denen sie die Mitbürger auffordern, wieder und wieder an die Berliner Wasserbetriebe heranzutreten in der Angelegenheit, sich in Erinnerung zu bringen, aber selbst wenn sie die Nachbarn darauf ansprechen, ernten sie nur ein müdes Schulterzucken. Achernkötter zieht jedes Mal nach solcher Erörterung wutschnaubend ab und hat wieder genügend Energie geladen für ein paar Tage Weiterlebens.

2016

Ralf Rothmann
Friedrichshagen

Abends erkunden sie gemeinsam ihren neuen Stadtteil. Das Bahnhofsgebäude voller Spitzbögen und Zinnen und gusseiserner Säulen aus der Kaiserzeit liegt neben dem Kurpark; einst fuhr man zur Erholung hier heraus, und geht man durch die gepflasterten Straßen, die Lindenallee oder Kastanienallee oder Breestpromenade heißen, und blickt zwischen den stuckverzierten Häusern hindurch in die Gärten, das Blühen, glaubt man kaum, noch in der Stadt zu sein. Abgesehen von einer überschaubaren Plattenbausiedlung und einem Hochhaus gegenüber der Kirche gibt es nur wenige große Gebäude. Die erdrückende Berliner Wuchtigkeit fehlt fast ganz, die meisten der um die Jahrhundertwende errichteten, vom Denkmalschutz umsorgten Häuser verkörpern noch jenes ursprüngliche Wohlwollen, das die Architektur vor dem modernen Zweckdenken beseelt haben muss. Vor vielen, auch vor den behutsam in die Zeilen eingefügten Neubauten, stehen brusthohe Zäune aus Metall, Kunstschmiedearbeiten, die Tradition haben; hier und da sieht man Ornamente aus dem Jugendstil. Die Wälder ringsum scheinen endlos zu sein, Fichtenschonungen und Mischwälder voller alter Bäume, und in der ersten Nacht auf ihrer Terrasse fällt ihnen auf, dass sie in all den Jahren in der Innenstadt nie einen derart klaren Sternenhimmel gesehen haben. In der zweiten, unterm vollen Mond, hören sie einen Kuckuck rufen.

Er spricht sie aus fast jedem Blickwinkel an, dieser Kiez, auch wenn ihnen manches darin nicht ganz geheuer vorkommt. Am Anfang jedenfalls macht die Stille den Eindruck, als würden die Straßen etwas verschweigen. Das »Weberschiffchen«, ein geräumiges

Restaurant mit offenem Kamin und Eichenpaneel, ist leer; auf dem Schaufenstersockel der italienischen Eisdiele sitzt lediglich ein Polizist und löffelt in seinem Becher, und leer saust die gelbe, schon hell erleuchtete Tram durch den Ort. Überall auf den Balkonen Blumen, gehegt und gepflegt, aber kaum irgendwo ein Mensch ... Obwohl die Temperaturen sommerlich sind und es immer länger hell bleibt, hat man schon ab sieben Uhr abends die Vorhänge zugezogen und die Rollos herabgelassen, und hier und da flackert Fernseherlicht durch die Ritzen.

Viele Alte leben hier, Bürger des vergangenen Staates, die selten lächeln, kaum je grüßen und statt »Supermarkt« noch »Kaufhalle« sagen. Oft haben sie einen Rezeptschein oder eine ärztliche Überweisung in der Hand, und nicht selten empfinden Wolf und Alina die gespenstische Neutralität in den Mienen als bedrückend, wenn nicht gar bedrohlich. Offenbar war es so, dass man in der DDR nicht zeigen durfte, wenn es einem gut ging, wenn man heiter und lebensfroh war; das erregte Verdacht. Aber erkennen zu lassen, dass es einem schlecht ging, dass man in und an dem Staat litt, war ebenso verdächtig, und so haben sich die meisten Menschen der alten und mittelalten Generation diese zementgraue Reglosigkeit in den Gesichtern zugelegt, eine dünnlippige Maske. Dazu kommt das Fehlen jeder Dezenz, das unverhohlene Glotzen, und wenn die beiden über die zentrale Bölschestraße schlendern und Alina über eine dumme Bemerkung oder einen Witz von ihm lacht auf ihre freie und leuchtende Art, bleiben nicht selten Menschen stehen oder drehen sich nach ihnen um.

Rotdornbäume und Kastanien überwölben die krummen Bürgersteige, an deren Holprigkeit man sich nur schwer gewöhnt, in manchen Dachrinnen wächst Gras, und fast immer zieht es sie auf ihren Wegen zum See, dem Magneten der Seele, wie Alina ihn nennt. In dem tief unter dem grünen, von der sinkenden Sonne vergoldeten Wasser der Spree gelegenen Tunnel ist es nachts so kühl, dass man den Atemhauch sieht, und wenn sie aus einem der Lokale am Ufer kommen und nichts als ihre eigenen Schritte auf dem glänzenden Pflaster hören, können sie ihr Glück kaum fassen. Ein Igel trippelt unter ein parkendes Auto, ein Käuzchen ruft, und jede Straße scheint ihren eigenen Mond zu haben.

Doch das sind letztlich Illustrationen; der eigentliche Reiz des Bezirks, der zu Köpenick gehört, hat einen weniger lyrischen Grund: Friedrichshagen ist ganz einfach ein schöner Stadtteil, der noch nicht von Reichen besetzt wurde. Dazu sind die Wohnungen in der Regel zu klein. Neben den erwähnten Alten leben hier zunehmend junge, offenbar aus dem Westen stammende Paare, für die die Entdeckung des Ortes der willkommene Anlass ist, endlich die Boheme-Zeit hinter sich zu lassen. Die meisten chauffieren die statistischen zwei Kinder hinter den Plastikfenstern ihrer Fahrradanhänger durch die Straßen, und denen, die noch keine haben, sieht man das Wort »Familienplanung« an. Und es ist ja auch ein guter Ort, um Nachwuchs aufzuziehen; es gibt Geburtshäuser und Tagesstätten, private und staatliche Schulen, es gibt jede Menge Secondhandläden für Babykleidung, vergleichsweise wenig Verkehr und viele Gewässer, an denen die Jungen die Schwäne mit Brot und die Greise sie mit Rinde füttern. Die Cafés und Restaurants sind leidlich, und auf die Nachtruhe ist, im Gegensatz zur Innenstadt, Verlass. Nach dreiundzwanzig Uhr sind alle Fenster dunkel.

2009

David Wagner
Grunewald

Ich will in den Wald und stehe auf dem Schmetterlingsplatz neben der Waldklause, nicht weit vom S-Bahnhof Grunewald. Schilder weisen den Weg Richtung Waldschule und Waldkindergarten. Soviel Wald und fast keine Bäume zu sehen, ich höre die Avus rauschen. Immerhin, es riecht nach Harz. Auf dem staubigen Parkplatz liegen frisch eingeschlagene Kiefern.

Ein paar Meter bin ich schon gegangen – die hellgrünen Blätter an den Bäumen sehen frisch aus, als ob sie eben erst aus ihren Knospen gesprungen wären –, da schimmert Sacré-Cœur durch die Kronen. Halluziniere ich? Nein, ich bin noch nicht am Montmartre, ich sehe bloß die Reste der Abhöranlagen oben auf dem Teufelsberg. Von dort belauschte der Westen einst den Osten, damals, als noch Kalter Krieg war und West-Berlin ein Vorposten im Gebiet des Warschauer Paktes. Die Radarstation steht, Ironie der Geschichte, auf dem Schutt, den der Krieg davor produziert hat, der Teufelsberg ist ein Trümmerberg. Jedes dritte zerbombte Haus Berlins wurde dort abgeladen, genau über dem Rohbau der Wehrtechnischen Fakultät, einem Welthauptstadt-Germania-Gebäude, das die Kriegs-Universität des Dritten Reiches werden sollte. Die liegt nun unter Trümmern begraben. Ruhe sanft.

Ich verzichte auf die Bergbesteigung, lieber steige ich hinab in die große Grube im Jagen 68. Eine befestigte Treppe mit Baumstammgeländer führt hinunter – unten angelangt, fühle ich mich plötzlich wie auf einem Sandplaneten. Der Sand, aus dem West-Berlin gebaut ist, wurde hier gefördert. Zu Mauerzeiten war der Weg zu den märkischen Sandgruben versperrt, also wurde hier gegraben. Und was blieb? Ein riesiges

Loch im Grunewald, an dessen steilen Abhängen sich Tiere und Pflanzen ansiedelten, die genau diese Bedingungen brauchen. Ein paar Jahre vergingen, und schon war aus der Sandwüste ein Naturschutzgebiet geworden. Doch die Natur ist grausam, sie achtet nicht auf Schutzgebiete: Robinien überwuchern die Böschung. Und da sie andere, schützenswerte Fauna bedrohen, werden sie nun von Naturschützern abgeringelt. *Abringeln* heißt, einem Baum die Rinde rundherum zu entfernen, er stirbt dann ab. Robinien, sagen Naturschützer, gehören nicht hierher, weil sie aus Nordamerika stammen – ich weiß nicht, das Argument gefällt mir nicht. Stammt der Homo sapiens nicht eigentlich aus Afrika? Gehöre ich vielleicht auch nicht hierher? Müßte nicht auch ich abgeringelt werden?

Sehr feiner Sand liegt unten in der Grube. Feinster märkischer Sand, der jedem Strand der Welt zur Ehre gereichen würde. Der Satz, den Friedrich der Große 1776 an Voltaire schrieb, leuchtet ein wie nie: »Ich gestehe zu, daß, Libyen ausgenommen, wenige Staaten sich rühmen können, es uns an Sand gleich zu thun.« Zwei grüngestreifte Eidechsen begrüßen mich, sehr schöne Tiere, sie sehen so aus wie die, die auf den Erläuterungstafeln abgebildet sind. Kurz darauf schlängelt sich eine Ringelnatter vorbei. Ich bin beeindruckt. Eine Schlange. In Berlin. Und doch kommt es mir so vor, als hätte ich, ohne davon zu wissen, einer Vorführung des Naturschutzgebiets beigewohnt.

Wieder oben im Wald komme ich von der breiten Spazierautobahn ab. Ausgetreten aber sind die Pfade alle. Dies ist, auch wenn hier Wildschweine leben, ein Wald in der Stadt. Ein Wald, der besser Forst heißen sollte. Schon Friedrich der Große ließ, nachdem er das Problem mit dem Sand in Preußen erkannt hatte, großflächig aufforsten. Deshalb wächst hier auch kein Gehölz jenseits der Geschichte, wie der Waldgänger Ernst Jünger es sich erträumte. Hier herrscht keine Anarchie, hier walten keine Naturkräfte, denen ich mich anschließen könnte. Dies ist ein preußischer

Forst, eine menschgemachte Kulturlandschaft, eine gut gelungene Illusion von Natur. Die Waldwege, hier herrscht Ordnung, stoßen rechtwinklig aufeinander, und an den Kreuzungen stehen Abteilungssteine mit Weghinweisern. Die Abteilungen heißen Jagen, und jeder Jagen hat eine Nummer. Wilder Wald ist anderswo, hier ist jeder Quadratmeter vermessen und verwaltet.

Trotzdem falle ich selbst gern immer wieder auf den Mythos vom Wald als dem Ursprünglichen hinein. Diesen Mythos, der sich hartnäckig hält und hält. Manchmal ist der Wald auch mein Sehnsuchtsort, zu dem die deutsche Romantik die seit dem 18. Jahrhundert auf deutschem Boden angelegten Monokulturen der Forstwirtschaft verklärt hat.

Der Grunewald war nicht nur Forst, sondern auch Jagdrevier der Hohenzollern. Die schnurgeraden Waldstraßen ermöglichten den königlichen Gesellschaften gefahrlose Jagden. Auf den schmaleren Wegen, auf denen ich nun gehe, sind die Wurzeln von den vielen Sohlen, die da wandern, blank getreten, ja sie glänzen wie die hölzernen Trittflächen frisch gebohnerter Treppenhäuser, Taschentücher und andere Zivilisationsbeweise liegen überall im Gebüsch.

Manchmal überraschen sehr alte, knorrige Eichen zwischen Kiefern, das sind Bäume, die den Beinah-Totalkahlschlag der Nachkriegswinter überstanden haben. Berlin brauchte Feuerholz, also wurde der Grunewald abgeholzt. Und niemand (das kommt einem heute schon fast seltsam vor) kettete sich damals an die Bäume, um sie zu retten. Oder doch? Ein paar uralte stehen ja noch. Ich sehe Baumgerippe, wie gemalt, und komme an Felsbrocken vorbei, Erinnerungen an die Eiszeit, die wie sehr große Briefbeschwerer unter den Wipfeln liegen. Die Gletscher haben sie hiergelassen. Deren Schmelzwasser ist noch nicht ganz versickert, die Gletscherpfützen heißen heute Grunewaldsee, Krumme Lanke und Schlachtensee.

Ja, besonders alt ist die Landschaft nicht. Die Weichseleiszeit hat sie vor gerade zwanzigtausend Jahren

geformt und ein für Berliner Verhältnisse recht beweg-
tes Relief geschaffen. Es geht auf und ab.

Und, lauern hier vielleicht Banditen? Haust hier ein
Räuberpack? Müssen hier während des letzten Krieges
nicht Schätze vergraben worden sein? Reichtümer aus
Grunewaldvillen? Liegt hier vielleicht noch ein Depot,
ein Erdbunker der RAF? Mit Waffen und Blankopäs-
sen und Banknotenbündeln, die heute wahrscheinlich
kein gültiges Zahlungsmittel mehr sind? Als Kind traf
ich in Wannsee einmal einen Jungen, der auf dem Ge-
päckträger seines Fahrrads einen verrosteten Wehr-
machtskarabiner mit verbogenem Lauf spazierenfuhr.
Hatte er, wie er sagte, im Grunewald entdeckt. Ich be-
wunderte und beneidete ihn für seinen Fund.

2011

Vor dem Fenster meiner Berliner Beobachtungsstation habe
ich die herrlichste Bildergalerie vor Augen. Ich muß nur von
meinem Schreibtisch aufblicken, ein wenig den Kopf drehen
und kann so bequem in meiner kleinen Bibliothek sitzenblei-
ben. Ausgestellt werden, alle Jahre wieder, die neuesten Win-
terbilder aus der niederländischen Schule, lauter Brueghels und
Avercamps, nur daß die Figuren darauf Menschen von heute
sind, in den Kunststoffanoraks und Daunenjacken der letzten
Mode. Man muß nicht einmal hinsehen und weiß doch, was
dort im Schnee gespielt wird. Der erhöhte Jauchzfaktor, ein
fortwährendes Johlen und Jubeln, kündet von den Freuden der
Großstädter, wenn am Hang gegenüber von früh bis spät in die
Nacht das Schlittenfahren geübt wird. Denn um eine Übung,
eine von blutigen Anfängern, muß es sich dabei handeln – bedenkt man den häufigen Einsatz der Ambulanzfahrzeuge. Die
wenigsten können es, doch trauen es alle sich zu. Keiner, der
zum ersten Mal auf Skiern steht, würde sich mit dem Lift gleich
zur höchsten Steilpiste hinaufbringen lassen. Hier aber holen
sie ihre Schlitten aus den Kellern und stürzen sich den vereisten
Hang hinab, ohne Rücksicht auf Bäume, eiserne Zäune und
ihre Knöchel und Knochen.

Durs Grünbein: Brueghel im Blaulicht

Tilman Rammstedt
Fragmente des guten Abends

22 Uhr 40 Flughafensee, Tegel   Der gute Abend ist natürlich auch ein lauer Abend, und an lauen Abenden sollte man zu einem See rausfahren. Meist denkt man nicht daran oder ist einfach zu faul, heute aber mal nicht.

Der Flughafensee ist nicht besonders groß und auch nicht besonders beliebt, obwohl er zu den wenigen Seen Berlins gehört, die recht schnell und einfach auch mit der U-Bahn zu erreichen sind. Seine Besonderheit erlangt er aber durch die einzigartige Kombination aus Luftverkehr im Hintergrund und Wildschweinen im Vordergrund.

Von der Straße aus muss man noch ein paar Minuten einem Waldweg folgen, schwach beleuchtet von den Scheinwerfern der angrenzenden JVA Tegel, bis sich dann links kleine Buchten auftun. Dabei raschelt es schon verdächtig im Unterholz. »Ein Vogel«, beruhigt einen der adäquate Mensch. »Oder ein Wiesel«, beruhigt man zurück, ohne es recht zu glauben, doch dann liegt auf einmal der See vor einem, der Mond spiegelt sich darin, in nicht allzu weiter Ferne raucht auf dem Flughafengelände irgendein charmant die Idylle brechender Schornstein, wenn es noch nicht zu spät ist, dröhnen auch die Turbinen eines startenden Flugzeugs herüber, das kurz danach am Himmel verschwindet, und man ist froh, nicht darin zu sitzen, sondern stattdessen im nur ein ganz klein wenig zu kalten Wasser zu schwimmen, weit und breit nur man selbst und der adäquate Mensch, man fühlt sich wie in einem komplett ironiefreien Popsong, und wenn man wieder hinaussteigt, wartet am kleinen Strand eine stattliche Wildsau und schaut einen teilnahmslos an.

Man muss dann nicht abgeklärt tun, man darf, nachdem sich die Sau wieder im Unterholz verkrochen hat, ruhig Freunde anrufen, damit die im Internet nachschauen, ob vielleicht gerade doch Frischlingszeit ist, ob Wildschweine eigentlich schwimmen können, ob sie womöglich auch auf Bäume klettern können. Man darf ruhig wenig beruhigt sein von der Information, dass die Tiere mehr Angst vor Menschen haben als man selbst vor ihnen, weil das bei ihrer Größe einfach eine übertriebene Schüchternheit wäre. Man darf ruhig bezweifeln, dass man sich im Falle eines Angriffs tatsächlich so verhalten würde wie empfohlen, nämlich stocksteif stehenzubleiben, damit die Sau denkt, man wäre ein Baum oder so etwas. Man darf auch ruhig den Rest des Abends voreinander prahlen, wie knapp man dem Tod entkommen sei, dass man im Grunde mit bloßen Händen eine ganze Horde Wildschweine erlegt hätte, aber man darf ruhig auch erst einmal genug von der Natur haben, man darf Menschen wollen, Musik wollen, die Paloma Bar wollen – und irgendwann Schwarz Sauer.

4 Uhr Prenzlauer Berg   Denn am Ende ist es immer das Schwarz Sauer. Das Schwarz Sauer hat keinen besonders guten Ruf, es versinnbildlicht alles Schlechte, was man über die Kastanienallee sagt, das Arrogante, das Gewollte, das gequält Hippe, das Unfreundliche, das Laute, das Homogene, das Etablierte, das Touristische. Aber genau wie die ganze Straße, all diesen nicht unzutreffenden Vorwürfen trotzend, immer noch eine der schönsten Straßen Berlins ist, so kann man sich auch dem Schwarz Sauer nur sehr schwer entziehen, und schon gar nicht gelingt das nachts. Tagsüber und am frühen Abend ist dieser Ort eher unangenehm, aber nach drei, spätestens vier Uhr, wenn es zum Sammelbecken der Nichtschlafenwoller und Nichtschlafenkönner wird, wenn dort um diese Zeit noch so viel los ist wie in den umliegenden Kneipen noch nicht einmal um Mitternacht, wenn man dort dann auch nicht ängstlich fragen muss, ob man vielleicht noch ein kleines Bier bekommt, sondern sogar mitunter die Kaffee-maschine noch nicht geputzt ist, dann kann diese Bar sehr glücklich machen.

Nach dem Tischtennis hat sich die Zahl der adäqua-ten Menschen reduziert, und so finden die Verbleiben-den noch alle einen Platz um den Tresen. Die Barkeeper und Barkeeperinnen sind komplett im erwartbaren ad-retten Neo-Punk-Stil gehalten, sie dürfen einen nicht anschauen, sonst zerfallen sie zu Staub, aber das ist man seit Jahren von diesem Ort gewohnt, das stört einen längst nicht mehr, im Gegenteil: Das fast rüh-rend Allürenhafte der Bedienungen im Schwarz Sauer gehört genauso zur Bar wie die Panoramafenster, wie die Uhr über der Tür, wie die versifften Toiletten und die am großzügigsten abgemessenen 4 cl des ganzen Bezirks.

Bis halb fünf wird es immer voller, dann stagniert es kurz, und dann wird das Schwarz Sauer erst wahr-haft betörend. Um den Abend rundzumachen, ist man dann am besten wieder allein mit dem eigentlichen adäquaten Menschen, vielleicht sitzt auch noch ein schweigsamer Finne mit dabei, den keiner kennt, der aber aus unerfindlichen Gründen schon beim Tisch-tennis mitgespielt hat, man trinkt ein letztes Flaschen-bier, es gibt nur noch Flaschenbier, draußen wird es hell, die Straßenbahnen fahren ständig durchs Bild, Frühaufsteher stoßen mit Spätheimkommern zusam-men, man sagt nicht mehr viel, aber das hat längst nichts mehr mit Stocken zu tun, und wenn der Bar-keeper dann irgendwann sagt, dass er jetzt schließe, seinetwegen dürfe man aber draußen warten, bis er durchgewischt habe, dann käme die Schichtablösung und es gebe Frühstück, kann man sich das ja überlegen.

2008

Zurückbleiben, bitte

Ideal
Berlin

Bahnhof Zoo, mein Zug fährt ein,
ich steig' aus, gut wieder da zu sein.
Zur U-Bahn runter am Alkohol vorbei,
Richtung Kreuzberg, die Fahrt ist frei,
Kottbusser Tor, ich spring' vom Zug,
zwei Kontrolleure ahnen Betrug.
Im Affenzahn die Rolltreppe rauf,
zwei Türken halten die Beamten auf.
Oranienstraße, hier lebt der Koran,
dahinten fängt die Mauer an.
Mariannenplatz rot verschrien,
ich fühl' mich gut, ich steh' auf Berlin!
Ich fühl' mich gut! (Wir steh'n auf Berlin)
Ich fühl' mich gut! (Wir steh'n auf Berlin)

Graue Häuser, ein Junkie im Tran,
es riecht nach Oliven und Majoran.
Zum Kanal an Ruinen vorbei,
dahinten das Büro der Partei.
Auf dem Gehweg Hundekot,
ich trink' Kaffee im Morgenrot.
Später dann in die alte Fabrik,
die mit dem Ost-West-Überblick.
Zweiter Stock, vierter Hinterhof,
neben mir wohnt ein Philosoph.
Fenster auf, ich hör' Türkenmelodien,
ich fühl' mich gut, ich steh' auf Berlin!
Ich fühl' mich gut, wir steh'n auf Berlin!
Ich fühl' mich gut!
Ich fühl' mich gut! (Wir steh'n auf Berlin)
Wir fühl'n uns gut! (Ich steh' auf Berlin)

Nachts um elf auf dem Kurfürstendamm
läuft für Touristen Kulturprogramm,
teurer Ramsch am Straßenstand,
ich ess' die Pizza aus der Hand.
Ein Taxi fährt zum Romy Haag,
Flasche Sekt hundertfünfzig Mark,
fürn Westdeutschen, der sein Geld versäuft.
Mal seh'n, was im Dschungel läuft,
Musik ist heiß, das Neonlicht strahlt.
Irgend jemand hat mir 'nen Gin bezahlt,
die Tanzfläche kocht, hier trifft sich die Scene,
ich fühl' mich gut, ich steh' auf Berlin!
Ich fühl' mich gut! (Wir steh'n auf Berlin)
Ich fühl' mich gut! (Wir steh'n auf Berlin)

Berlin, Berlin, Berlin, …
Berlin, Berlin, Berlin, …
Ich fühl' mich gut! (Wir steh'n auf Berlin)
Ich fühl' mich gut! (Wir steh'n auf Berlin)

1980

keine nacht vor licht ins ziel
kain baut den schneemann & co
bittererde aus dem alten thessalien
bitumen, auszüge aus gynäkotoxen
durch klare wälder schillert die elster
das ist die eine seite, die andere –
die große bedeutungsanstalt: stadt
fein wie teeknospen ihre kleinsten häuser
das murmeln ihrer märkischen viertel.
andere wieder, mit mächtigem tritt
weltflächen krönend

Gerhard Falkner: Perlin

Wolfgang Herrndorf
Guten Morgen, Berlin

Guten Morgen, Sterne
Guten Morgen, schwarzer Kanal
Guten Morgen, Schornsteine, Brücken, Hochhäuser
  und Kräne
Guten Morgen, Viertelmond
Guten Morgen, goldschimmernde Viktoria
Guten Morgen, S-Bahn
Guten Morgen, andere Bahn
Guten Morgen, weißer Kanal
Guten Morgen, Morgenröte
Guten Morgen, Berlin

6.3.2013 5:53 Uhr

Editorische Notiz

Nach 25 Stadt-Anthologien im *SVLTO*, von Rom bis Dresden, von New York bis Lissabon, erscheint nun endlich eine *Literarische Einladung* in die Stadt des Verlagssitzes. Berlin ist zweifellos die Hauptstadt der zeitgenössischen deutschsprachigen Literatur: Hier treffen sie alle aufeinander, die westdeutschen, die ostdeutschen, die gesamtdeutschen Autoren. Selbstverständlich – wie in allen Metropolen – zumeist von irgendwo zugezogen.

Um das elegante, dem Reisenden willkommene Format von 144 Seiten einzuhalten, haben wir uns beschränkt auf Texte, die in den Jahren seit der Verlagsgründung geschrieben wurden und auch angesiedelt sind, manche blicken ein wenig weiter in der Geschichte zurück, denn nirgends ist deutsche Geschichte so unvermeidlich präsent wie in dieser Stadt. Der Zeitraum umfasst also knapp 60 Jahre, beginnend mit der Teilung der Stadt bis heute.

Für Vorschläge, Anregungen, Zuspruch und Kritik danken wir herzlich Christine Becker, Volker Braun, Beatrice Faßbender, Durs Grünbein, der Unveröffentlichtes beigesteuert, und Katharina Hacker, die ihren Text eigens für diese Anthologie verfasst hat, Christoph Hein, Jakob Hein, Elisabeth Heyne, Hilke Grabenkamp, Brigitte-Maria Mayer, Dilan Sakar, Ingo Schulze für den Ausschnitt aus seinem gleichzeitig erscheinenden Text, Jürgen Tomm, Klaus Wagenbach, Gerhard Wolf.

Berlin im August 2017
Susanne Schüssler & Linus Guggenberger

Autoren- und Quellenverzeichnis

Ahne, 1968 als Arne Seidel in Ost-Berlin geboren. *Die Eckkneipe hat dicht gemacht ...* aus: *Ich kieke, staune, wundre mir ... Berlinerische Gedichte von 1830 bis heute.* Hrsg. von Thilo Bock, Wilfried Ihrig, Ulrich Janetzki, Berlin 2017. © Ahne

Fatma Aydemir, wurde 1986 in Karlsruhe geboren und lebt seit 2012 in Berlin-Wedding. *Seidentücher* (Titel der Hrsg.), Auszug aus: *Ellbogen*, München 2017. © Carl Hanser Verlag

Ingeborg Bachmann, 1926 in Klagenfurt geboren, lebte von 1963 bis 1965 in Berlin-Grunewald. Sie starb 1973 in Rom. *Berliner Zimmer* (Titel der Hrsg.) und *In Berlin sind ...*, Auszüge aus: *Ein Ort für Zufälle*, Berlin 1965. © Verlag Klaus Wagenbach

Kurt Bartsch, wurde 1937 in Ost-Berlin geboren und siedelte 1980 nach West-Berlin über. Er starb 2010. *Potsdamer Platz, Nacht* aus: *Tango Berlin*, Berlin 2010. © Verlag Klaus Wagenbach

Jurek Becker, 1937 in Łódź geboren, lebte ab 1945 am Prenzlauer Berg, ab 1977 in West-Berlin. Er starb 1997. *Romeo in Berlin* (Titel der Hrsg.), Auszug aus: *Romeo*, in: *Nach der ersten Zukunft. Erzählungen*, Frankfurt am Main 1980. © Suhrkamp Verlag Berlin

Heinz Berggruen, 1914 in Berlin-Wilmersdorf geboren. Lebte nach seiner Zeit im Exil ab 1996 wieder in Berlin-Charlottenburg. Er starb 2007 in Paris. *Vom Herrn Schaften* (Titel der Hrsg.) aus: *Die Kunst und das Leben. Erinnerungen, Portraits, Schnurren*, Berlin 2001. © Verlag Klaus Wagenbach

Maxim Biller, geboren 1960 in Prag, lebt in Berlin. *Die Jahre mit Maserati* aus: *Liebe heute. Shortstories*, Köln 2007. © Verlag Kiepenheuer und Witsch

Johannes Bobrowski, geboren 1917 in Tilsit, lebte ab 1949 in Berlin-Friedrichshagen, wo er 1965 auch starb. *Im Verfolg städtebaulicher Erwägungen*, aus: *Mäusefest*, Berlin 1968. © Verlag Klaus Wagenbach

Nicolas Born, 1937 in Duisburg geboren, lebte unter anderem in Berlin-Friedenau. Er starb 1979. *2. Juni 1967* (Titel der Hrsg.), Auszug aus: *Die erdabgewandte Seite der Geschichte*, Reinbek bei Hamburg 1976. © Erben Nicolas Born

Volker Braun, 1939 in Dresden geboren, lebt in Berlin-Pankow. *Chausseestraße* (Titel des Autors) unter dem Titel *Berlin-Mitte* in: *Auf die schönen Possen*, Frankfurt am Main 2005. © Suhrkamp Verlag Berlin

Jan Peter Bremer, wurde 1965 in Berlin-Charlottenburg geboren und lebt heute in Kreuzberg. Auszug aus: *Der amerikanische Investor*, Berlin 2011. © Berlin Verlag

Tanja Dückers, 1968 in West-Berlin geboren, lebt trotz zahlreicher Lehraufträge in der ganzen Welt weiterhin in Berlin. *Marmortreppe, Hinterhöfe, Rattenloch* aus: *Mein altes West-Berlin*, Berlin 2016. © be.bra Verlag

Adolf Endler, 1930 in Düsseldorf geboren, lebte ab 1955 in Ost-Berlin. Er starb 2009. *Prenzlberch und Berliner Geschichte* aus: *Tarzan am Prenzlauer Berg. Sudelblätter 1981–1983*, Leipzig 1994. © Brigitte Schreier-Endler

Gerhard Falkner, 1951 in Schwabach geboren, lebt in Weigendorf und Berlin. *Perlin* aus: *Berlin! Berlin! Eine Großstadt im Gedicht.* Hrsg. von Hans-Michael Speier, Stuttgart 1987. © Gerhard Falkner

Günter Grass, 1927 in Danzig geboren, lebte von 1953 bis 1956 und von 1960 bis 1972 in West-Berlin, unter anderem in Friedenau. Er starb 2015 in Lübeck. Aus: *Bei den Mauerspechten*, in: *Ein weites Feld*, Göttingen 1995. © Steidl Verlag

GRIPS Theater, 1972 aus dem Theater für Kinder im Reichskabarett (1966) hervorgegangen und bis 2017 von Volker Ludwig geleitet; gesellschaftskritisches Kinder- und Jugendtheater, seit 1974 im Berliner Stadtteil Tiergarten. *Wilmersdorfer Witwen*, Songtext aus: *Linie 1.* 1986 © Volker Ludwig

Annett Gröschner, 1964 in Magdeburg geboren, lebt seit 1983 in Berlin. *Im Bötzowviertel* aus: *Parzelle Paradies. Berliner Geschichten*, Hamburg 2008. © Edition Nautilus

Durs Grünbein, wurde 1962 in Dresden geboren und lebt heute in Berlin und Rom. *Berlin ist ein Sack* (Titel der Hrsg.), Auszug aus der Rede zum Berliner Literaturpreis 2006, veröffentlicht in: *Spiegel* Nr. 19 / 2006; *Brueghel im Blaulicht* (unveröffentlicht), mit freundlicher Genehmigung des Autors. © Durs Grünbein

Katharina Hacker, wurde 1967 in Frankfurt geboren und lebt seit 1996 in Berlin-Schöneberg. *Diesseits und Jenseits der Hauptstraße* (unveröffentlicht, 2017). © Verlag Klaus Wagenbach

Rolf Haufs, 1935 in Düsseldorf geboren, lebte ab 1960 in West-Berlin. Er starb 2013. Auszug aus: *Das Dorf S.,* in: *Das Dorf S. und andere Geschichten*, Neuwied und Berlin 1968. © Kerstin Hensel

Christoph Hein, wurde 1944 in Heinzendorf (Schlesien) geboren und lebt heute in Berlin und Havelberg. *Nachtfahrt* (Titel der Hrsg.), Auszug aus: *Nachtfahrt und früher Morgen*, Frankfurt am Main 2004. © Suhrkamp Verlag Berlin

Jakob Hein, 1971 in Leipzig geboren, in Berlin aufgewachsen. Lebt und arbeitet dort als Schriftsteller und Arzt. Auszug aus: *München* (unveröffentlicht), mit freundlicher Genehmigung des Autors. © Jakob Hein

Wolfgang Herrndorf, 1965 in Hamburg geboren, lebte mehrere Jahre in Berlin-Mitte, zuletzt im Wedding, wo er auch starb. *Guten Morgen, Berlin* aus: *Arbeit und Struktur*, Berlin 2013. © Rowohlt Berlin

Ideal, West-Berliner Band (1980–1983). *Berlin*, Text: Annette Humpe, Musik: A. Humpe, Hans Joachim Behrendt, Ernst Ulrich Denker, Frank-Jürgen Krüger © 1980 Ambulanz Musikverlag Annette Humpe

Uwe Johnson, 1934–1984, lebte zunächst im Osten, ab 1959 dann im Westen Berlins. Auszug aus: *Im Gespräch mit einem Hamburger*, in: *Berliner Sachen. Aufsätze*, Frankfurt am Main 1975. © Suhrkamp Verlag Berlin

Mascha Kaléko, 1907 in Chrzanów geboren, lebte ab 1918 in Berlin, emigrierte 1938 in die USA. Starb 1975 in Zürich. *Bleibtreu heißt die Straße* aus: *In meinen Träumen läutet es Sturm*, München 1977. © Deutscher Taschenbuch Verlag

Helmut Krausser, ist 1964 in Esslingen am Neckar geboren und lebt heute in Rom und Potsdam. *Abgeschnitten* (Titel der Hrsg.), Auszug aus: *Einsamkeit und Sex und Mitleid*, Köln 2009. © DuMont Verlag

Günter Kunert, 1929 in Berlin geboren, lebt heute in Kaisborstel. Auszug aus: *Berliner Gemäuer*, in: *Tagträume in Berlin und andernorts*, München 1972 © Carl Hanser Verlag

Katja Lange-Müller, 1951 in Ost-Berlin geboren, lebt heute in Berlin-Wedding. Auszug aus: *Böse Schafe*, Köln 2007. © Verlag Kiepenheuer und Witsch

Monika Maron, geboren 1941, lebte ab 1951 in Ost-Berlin, später dann wieder im Westen der Stadt. *Brachiosaurus* (Titel der Hrsg.), Auszug aus: *Animal triste*, Frankfurt am Main 1996. © Hoffmann und Campe Verlag GmbH

Thomas Melle, 1975 in Bonn geboren, lebt seit 1997 in Berlin, heute in Kreuzberg. Auszug aus: *Raumforderung*, in: *Raumforderung. Erzählungen*, Frankfurt am Main 2007. © Suhrkamp Verlag Berlin

Steffen Mensching, ist 1958 in Ost-Berlin geboren und dort auf-gewachsen. *Berliner Elegie* aus: *Berliner Elegien*, Leipzig 1995. © Steffen Mensching

Kurt Mühlenhaupt, geboren 1921, wuchs in Berlin-Tempelhof auf. Er starb 2006 in Zehdenick in der Nähe von Berlin. Auszug aus: *Berliner Blau. Gesammelt inne Kneipen von Kreuzberg*, in: *Berliner Blau*, Berlin 1981 © Arani

Heiner Müller, 1929 in Eppendorf, Sachsen, geboren, lebte ab 1958 in Ost-Berlin, wo er 1995 starb. *TRAUMHÖLLE IN BERLIN PARISBAR EINE ORTSBESCHREIBUNG* aus: *Werke 2: Die Prosa.* Hrsg. von Frank Hörnigk, Frankfurt am Main 1999. © Suhr-kamp Verlag Berlin; *Berlin ist das Letzte* aus: *dry. Ein Magazin*, Berlin 1983. © Merve Verlag

Aras Ören, 1939 in Istanbul geboren, lebt seit 1969 in Ber-lin-Charlottenburg. *Niyazi aus der Naunynstraße* (Titel der Hrsg.), Auszug aus: *Was will Niyazi in der Naunynstraße? Ein Poem*, Ber-lin 1973 © Verbrecher Verlag

Ulrich Peltzer, 1956 in Krefeld geboren, kam 1975 nach Berlin und lebt heute in Kreuzberg. *Sony Center*, Auszug aus: *Teil der Lösung*, Zürich 2007. © S. Fischer Verlag

Katja Petrowskaja, 1970 in Kiew geboren, lebt seit 1999 in Prenzlauer Berg. *Google sei Dank* aus: *Vielleicht Esther. Geschichten*, Berlin 2014. © Suhrkamp Verlag Berlin

Tilman Rammstedt, 1975 in Bielefeld geboren, kam 1998 nach dem Studium nach Berlin. *Fragmente des guten Abends* (Titel der Hrsg.), Auszüge aus dem *Literaturport*-Spaziergang 2008. © Li-teraturport (www.literaturport.de), ein Gemeinschaftsprojekt des Literarischen Colloquiums Berlin und des Brandenburgi-schen Literaturbüros

Lutz Rathenow, 1952 in Jena geboren, zog 1977 nach Ost-Ber-lin. *Das Zentrum, die Ränder* (Titel der Hrsg.) und *Zwei Jungen ...* aus: *Ostberlin. Die verschwundene Stadt* (zs. mit Harald Haus-wald), Berlin 2005, 2017 © Jaron Verlag

Sven Regener, 1961 in Bremen geboren, zog 1982 von Ham-burg nach West-Berlin. *Schwimmen ist gesund* (Titel der Hrsg.), Auszug aus: *Herr Lehmann*, Frankfurt 2001. © Eichborn Verlag / Bastei Lübbe, Köln 2011

Brigitte Reimann, ist 1933 in Burg bei Magdeburg geboren und 1973 in Ost-Berlin gestorben. Auszug aus: *Ich bedaure nichts. Tagebücher 1955–1963*. Hrsg. von Angela Drescher. Berlin 1997. © Aufbau Verlag

Kathrin Röggla, 1971 in Salzburg geboren, wohnt heute in Berlin-Neukölln. Auszug aus *treffer*, in: *Irres Wetter*, Salzburg und Wien 2000. © Residenz Verlag

Ralf Rothmann, 1953 in Schleswig geboren, kam 1976 nach Berlin und lebt heute in Berlin-Frohnau. *Friedrichshagen* (Titel der Hrsg.) aus: *Feuer brennt nicht*, Frankfurt am Main 2009. © Suhrkamp Verlag Berlin

Michael Rutschky, 1943 in Berlin geboren, lebte dort, nach mehreren Unterbrechungen, wieder seit 1985 bis zu seinem Tod 2018. Die Auszüge aus: *In die neue Zeit. Aufzeichnungen 1988–1992*, Berlin 2017 © Berenberg Verlag

Hans Joachim Schädlich, 1935 in Reichenbach im Vogtland geboren, lebte von 1959–1976 in Ost-Berlin und siedelte dann in den Westen über. Auszug aus: *Unstet und flüchtig*, in: *Versuchte Nähe*, Reinbek bei Hamburg 1977. © Rowohlt Verlag

Klaus Schlesinger, 1937 in Berlin geboren und 2001 dort gestorben. Auszug aus: *Die Spaltung des Erwin Racholl*, in: *Berliner Traum*, Rostock 1977. © Daisy Schlesinger

Kathrin Schmidt, 1958 in Gotha geboren, zog 1985 nach Ost-Berlin und lebt heute in Berlin-Mahlsdorf. *Siedlung Eintracht* (Titel der Hrsg.), Auszug aus: *Kapoks Schwestern*, Köln 2016. © Verlag Kiepenheuer und Witsch

Peter Schneider, 1940 in Lübeck geboren, zog 1962 in den Westen Berlins. Auszüge aus: *Der Mauerspringer*, Reinbek bei Hamburg 1995. © Rowohlt Taschenbuch Verlag

Robert Wolfgang Schnell, 1916 in Barmen bei Wuppertal geboren, 1986 in West-Berlin gestorben. *Reichpietschufer* aus: Günter Anlauf, Günter Bruno Fuchs, Robert Wolfgang Schnell: *Ein Diarium*, Berlin 1970 © zinke

Ingo Schulze, 1962 in Dresden geboren, lebt seit Mitte der 1990er Jahre in Berlin, heute in Prenzlauer Berg. *Exkursion nach Berlin West* (Titel der Hrsg.), Auszug aus: *Peter Holtz. Sein glückliches Leben von ihm selbst erzählt*, Frankfurt am Main 2017. © S. Fischer Verlag

Anke Stelling, 1971 in Ulm geboren, zog 1991 nach dem Abitur nach Berlin und lebt heute in Prenzlauer Berg. *Gemeinschaftsfläche* (Titel der Hrsg.), Auszug aus: *Bodentiefe Fenster*, Berlin 2015. © Verbrecher Verlag

Ton Steine Scherben, West-Berliner Rockband (1970–1985). *Rauch-Haus-Song*, Komposition/Text: Ralph Moebius. © Kobrow Musikverlag GmbH, Edition Pemoe c/o Kobrow Musikverlag, Degalaxis Verlag Gert C. Möbius

Volker von Törne, 1934 in Quedlinburg geboren, lebte ab 1962 in Berlin. Starb 1980 in Münster. *Fritze* (Titel der Hrsg.), Auszug aus: *Ein neues Löbtau-Lied*, in: *Wolfspelz. Gedichte, Lieder, Montagen*, Berlin 1968. © Verlag Klaus Wagenbach

David Wagner, geboren 1971 in Andernach/Rhein, lebt heute in Prenzlauer Berg. Auszug aus: *Grunewald*, in: *Welche Farbe hat Berlin*, Berlin 2011. © Verbrecher Verlag

Jan Wagner, 1971 in Hamburg geboren, kam 1995 nach Berlin und lebt heute in Berlin-Neukölln. *neukölln I* aus: *Guerickes Sperling. Gedichte*, Berlin 2004. © Hanser Berlin im Carl Hanser Verlag München

Hans-Eckardt Wenzel, geboren 1955 in Kropstädt, lebt seit 1976 im Osten Berlins. Auszug aus: *Lied vom wilden Mohn. Gedichte*, Halle und Leipzig 1984. © Mitteldeutscher Verlag

Christa Wolf, 1929 in Landsberg an der Warthe (heute Polen) geboren, lebte ab 1976 in Ost-Berlin. Sie starb 2011. *Hadesfahrt* (Titel der Autorin), Auszug aus: *Leibhaftig. Erzählung*, Frankfurt am Main 2002. © Suhrkamp Verlag Berlin

Die Herausgeber

Susanne Schüssler, geboren 1962 in München, lebt seit 26 Jahren in Berlin. Die promovierte Philologin ist Verlegerin des Wagenbach Verlags.

Linus Guggenberger, geboren 1987 in Stuttgart, ist Literaturwissenschaftler und Lektor für italienische und spanischsprachige Literatur im Wagenbach Verlag.

Reisen mit SVLTO!

»Solche literarischen Einladungen nimmt auch der gern an, der nicht vorhat zu verreisen. Denn bei Wagenbach weiß man noch, was ein schönes Buch ist.«

Frankfurter Allgemeine Zeitung

Unsere Literarischen Einladungen führen Sie nach ...

Amsterdam
Apulien
Athen
Barcelona
Bretagne
Buenos Aires
Dresden
Florenz
Genua und Ligurien
Georgien
Irland
Istanbul
Kanarische Inseln
Lissabon
London
Madrid

Mailand
Mallorca
Marseille und in die Provence
Neapel
New York
Paris
Rio de Janeiro
Rom
Sardinien
Siena
Sizilien und Palermo
Triest
Turin
Venedig
Wien

oder einfach ... *Nach Italien! Anleitung für eine glückliche Reise*

Wenn Sie mehr über den Verlag und seine Bücher wissen möchten, schreiben Sie uns eine Postkarte oder elektronische Nachricht (mit Anschrift und E-Mail). Wir informieren Sie dann regelmäßig über unser Programm und unsere Veranstaltungen.

Verlag Klaus Wagenbach   Emser Straße 40/41   10719 Berlin
www.wagenbach.de   vertrieb@wagenbach.de

Berlin. Eine literarische Einladung erschien im Herbst 2017
als 229. *SVLTO.*

Wir bedanken uns bei den Autoren und Verlagen für die
freundliche Genehmigung zum Abdruck (siehe Autoren-
und Quellenverzeichnis).

3. Auflage 2022

© 2017 Verlag Klaus Wagenbach
Emser Straße 40 / 41, 10719 Berlin   www.wagenbach.de
Umschlaggestaltung Julie August unter Verwendung einer
Fotografie © gettyimages / Daniel Candal. Gesetzt aus der
Dante. Vorsatzpapier von peyer graphic, Leonberg. Leinen
von Gebr. Schabert, Strullendorf. Gedruckt auf Schleipen
und gebunden bei Eberl & Kœsel, Altusried-Krugzell.
Printed in Germany. Alle Rechte vorbehalten

ISBN 978 3 8031 1328 3

9 783803 113283